essentials

essentials liefern aktuelles Wissen in konzentrierter Form. Die Essenz dessen, worauf es als „State-of-the-Art" in der gegenwärtigen Fachdiskussion oder in der Praxis ankommt. *essentials* informieren schnell, unkompliziert und verständlich

- als Einführung in ein aktuelles Thema aus Ihrem Fachgebiet
- als Einstieg in ein für Sie noch unbekanntes Themenfeld
- als Einblick, um zum Thema mitreden zu können

Die Bücher in elektronischer und gedruckter Form bringen das Expertenwissen von Springer-Fachautoren kompakt zur Darstellung. Sie sind besonders für die Nutzung als eBook auf Tablet-PCs, eBook-Readern und Smartphones geeignet. *essentials:* Wissensbausteine aus den Wirtschafts-, Sozial- und Geisteswissenschaften, aus Technik und Naturwissenschaften sowie aus Medizin, Psychologie und Gesundheitsberufen. Von renommierten Autoren aller Springer-Verlagsmarken.

Weitere Bände in der Reihe http://www.springer.com/series/13088

Ilke Heller · Stefanie von Andrian ·
David Stahmann ·
Verena Gehrmann-Linnerth

Quartiersentwicklung mit Design Thinking

Methodik und Fallbeispiel zur Beteiligung von Kindern und Jugendlichen

Ilke Heller
Human Revolution
Stuttgart, Deutschland

David Stahmann
EnBW AG
Karlsruhe, Deutschland

Stefanie von Andrian
EnBW AG
Stuttgart, Deutschland

Verena Gehrmann-Linnerth
EnBW AG
Stuttgart, Deutschland

ISSN 2197-6708 ISSN 2197-6716 (electronic)
essentials
ISBN 978-3-658-29839-5 ISBN 978-3-658-29840-1 (eBook)
https://doi.org/10.1007/978-3-658-29840-1

Die Deutsche Nationalbibliothek verzeichnet diese Publikation in der Deutschen Nationalbibliografie; detaillierte bibliografische Daten sind im Internet über http://dnb.d-nb.de abrufbar.

Planung/Lektorat: Rolf-Günther Hobbeling
Springer Gabler ist ein Imprint der eingetragenen Gesellschaft Springer Fachmedien Wiesbaden GmbH und ist ein Teil von Springer Nature.
Die Anschrift der Gesellschaft ist: Abraham-Lincoln-Str. 46, 65189 Wiesbaden, Germany

- Einblicke in die aktuellen Entwicklungen und Herausforderungen der Quartiersentwicklung
- Vorstellung von Design Thinking als Ansatz zur Erarbeitung nutzerorientierter Lösungen für komplexe Fragestellungen
- Design Thinking als Werkzeug für Beteiligungsverfahren
- Quartiersentwicklung mithilfe der Einbindung von Kindern und Jugendlichen in den Konzeptions- und Gestaltungsprozess
- Veranschaulichung anhand eines konkreten Projekts aus der Praxis

Inhaltsverzeichnis

Einleitung 1

Im Sinne einer ganzheitlichen Sichtweise verknüpfen intelligente und innovative Lösungen für smarte nachhaltige Quartiere sowohl technische als auch soziale Aspekte. Sie sollten offen für neue Wohn- und Lebenskonzepte und somit auch für wirtschaftliche und gesellschaftliche Vielfalt sein. Anpassungsfähige Quartiere müssen daher heutigen und zukünftigen Anforderungen genügen, um somit eine sichere Investition in die Zukunft darzustellen.

Das zukunftsfähige Quartier begegnet demografischen und sozialen Herausforderungen von morgen und ermöglicht das integrative Zusammenleben verschiedener Zielgruppen und Generationen. Diese Offenheit für veränderte zukünftige Nutzungsanforderungen führt zu besonderen Anforderungen in der Produktentwicklung. In gewisser Weise wird bei aller Flexibilität des Quartiers ein Blick in die Glaskugel nötig: Wie wollen und müssen wir vielleicht in Zukunft leben und arbeiten?

Es fällt nicht leicht, auf diese Frage eine belastbare Antwort zu bekommen. Wie kann man eine Vision davon entwickeln, welche Bedürfnisse die Gesellschaft in 30 Jahren haben wird und welche Lösungen diese voraussichtlich befriedigen können? Wichtige Quellen sind Gespräche mit Kunden, potenziellen Bewohnern, Anwohnern, Investoren, etc. „Design Thinking" ist hier ein mittlerweile etablierter Methodenansatz mit dem Ziel, durch direkte Kundenbeobachtung und schnelle Rückmeldung innovative Produkte mit hohem Anwendernutzen zu entwickeln. Eine Stärke der Methode ist sicher, dass sie Produktideen erzeugt, die auf Bedürfnisse einzahlen, die dem Nutzer (noch) nicht bewusst sind oder die er bisher zumindest nicht geäußert hat. So können Lösungen entwickelt werden für Probleme, die man noch nicht kennt. Auch die Beteiligung von Bürgern wird verstärkt für den Gestaltungsprozess genutzt, um menschenorientierte Quartiere zu entwickeln.

© Springer Fachmedien Wiesbaden GmbH, ein Teil von Springer Nature 2020   1
I. Heller et al., *Quartiersentwicklung mit Design Thinking*, essentials,
https://doi.org/10.1007/978-3-658-29840-1_1

In diesem Kontext scheint ein Design Thinking Ansatz mit Kindern und Jugendlichen eine besonders vielversprechende Idee:

- Kinder sind bereits heute Bewohner von Quartieren. Spielplätze, Grünflächen, kurze Wege, soziale Shared Spaces etc. erhöhen ihre Lebensqualität. Glückliche Kinder führen zu glücklichen Eltern und somit oft zu zufriedenen Mitmenschen im Alltag.
- Kinder werden morgen als junge Erwachsene Quartiere bewohnen und haben besondere Anforderungen an das Thema Nachhaltigkeit und zukunftsweisende Technologien.
- Kinder sind feine Beobachter, empathische Wesen und großartige Visionäre, denken unbegrenzt und vorbehaltslos.

Um diese vielversprechende Quelle anzuzapfen und auch um nichts unversucht zu lassen, hat EnBW Baden-Württemberg AG sich auf ein Experiment eingelassen: eine Design Thinking Werkstatt zusammen mit Kindern und Jugendlichen. Dabei wurden äußerst positive Erfahrungen gemacht, die im Folgenden geteilt werden.

Quartiersentwicklung

Für eine erfolgreiche „360-Grad-Quartiersentwicklung" gilt es v. a. diejenigen zu fragen und zu beteiligen, die Quartiersnutzer sind oder es sein werden. Genauso wichtig ist es, diesen Nutzern zudem die Ernsthaftigkeit des Vorhabens zu signalisieren. Kinder sind eine bislang kaum involvierte Nutzergruppe, deren Potenzial als Identitätsstifter und -erhalter aktuell noch wenig Beachtung findet. Es geht darum, die ursächlichen Probleme, Wünsche, Bedürfnisse zu hinterfragen und eine Lösung zu schaffen, bei der die Nutzer sich beteiligen können – zum einem im Gestaltungsprozess und zum anderen im Nutzungsprozess. Denkt man nicht konsequent bis zum Ende oder adressiert lediglich das Symptom und nicht das eigentliche Problem bzw. Bedürfnis, kommt im Regelfall der Nachhaltigkeitsaspekt nicht zum Tragen. Hierzu gehört auch ein umfassendes Verständnis, vor welchen Herausforderungen der Einzelne, aber auch unsere Gesellschaft als Ganzes steht. Denn diese Aspekte haben einen starken Einfluss auf den Alltag sowie das Leben der Menschen und wirken sich entsprechend auf die Anforderungen einer „gelungenen" bürgerzentrierten Quartiersentwicklung aus. Der in vielen Bürgerbeteiligungen übliche Ansatz, sich als Initiator auf das alleinige Zuhören zu beschränken, bleibt jedoch ohne eine anschließende Weiterverarbeitung der geäußerten Aussagen schlicht unvollständig.

2.1 Definieren eines „Quartiers": Die Quadratur des Kreises?

Der Begriff des „Quartiers" bzw. eng damit verbunden die „Quartiersentwicklung" haben in den letzten Jahren aus verschiedenen Gründen ein verstärktes Revival erlebt. Einerseits ist ein verstärkter Rückzug des einzelnen

© Springer Fachmedien Wiesbaden GmbH, ein Teil von Springer Nature 2020
I. Heller et al., *Quartiersentwicklung mit Design Thinking*, essentials,
https://doi.org/10.1007/978-3-658-29840-1_2

Menschen auf seine unmittelbare nahe Umgebung zu beobachten, die im Gegensatz zur schwer greifbaren Globalisierung und komplexer gewordenen Welt der letzten 20 Jahre eine höhere Stabilität und emotionalen Bezug bietet. Diese Entwicklung lässt sich bereits auf der Ebene von Groß- und Megastädten beobachten, wenn diese aufgrund stetigem Bevölkerungs- und Zuzugswachstum zu groß und intra-divers werden, um noch einen singulären emotionalen Bezugspunkt für jeden Einzelnen darstellen zu können. Das beobachtbare Ergebnis: Der Berliner sieht seinen „Kiez" als eigentliche Heimat, der Kölner sein „Veedel", der Wiener sein „Grätzl" und der New Yorker seine „Hood". Die „Stadt" ist hier primär als Sammelsurium verschiedener Quartiere mit jeweils ganz eigenen Charakteristika zu verstehen, die sich gegenseitig ergänzen, überlagern und von teils gemeinsamen sozialen sowie gesellschaftlichen Strukturen und Beziehungen durchzogen sind.

Dazu gehört aber auch die Erkenntnis, dass v. a. der Neubau von Quartieren sich in den letzten Jahrzehnten an mittlerweile unzureichenden Leitlinien wie der „autogerechten Stadt", dem Fokus auf reine Wohnraumschaffung oder einer relativ strikten funktionalen sowie sozialen Trennung von Gebäuden orientierte. Dies führte nicht selten zur Schaffung von „Schlafquartieren" mit dem Ableger einer großen Supermarktkette vor Ort, ohne jedoch Chancen für eine sozial aktive und miteinander agierende Bewohnerschaft zu kreieren. Solche Teile einer Gemeinde werden somit von vornherein auf die Rolle von „Lebensmittel-Punkten" anstelle echter „Lebens-Mittelpunkte" reduziert.

Hier zeigt sich auch das vielfach zu beobachtende Doppelverständnis des Begriffs „Quartier". Zum einen kann dieser einer rechtlich-administrativen Logik folgen, wonach auf dem Stadtplan nahe beieinander stehende, ähnliche Gebäude sowie „passende Elemente" wie eine Schule oder ein Supermarkt zu einem Stadtteil mit offizieller Bezeichnung zusammengelegt werden, welcher zum Teil durch „Barrieren" wie größere Straßenzüge oder Parks relativ einfach zugeschnitten werden kann. Das können z. B. 20 Mehrfamilienhäuser mit 180 Wohnungen sowie einer Ladenzeile in einer Mittelstadt sein, aber auch neun Einfamilienhäuser sowie einem Bauernhof am Ende der Einbahnstraße im Kurort in einer ländlichen Region.

Dies muss sich allerdings nicht mit dem Quartiersverständnis der Bewohner und anderen „Quartiersnutzern", wie Touristen oder vor Ort arbeitenden (Binnen-) Pendlern decken. Denn für diese hat das „Quartier" oftmals keine fest definierbare Größe, sondern basiert auf räumlichen und kulturell-sozialen Gegebenheiten auf lokaler Ebene mit fließenden Grenzen sowie einer Mindestinfrastruktur. Hier spielt sich das alltägliche Leben der Bewohner mehrheitlich ab und bildet somit den Ort, den die Menschen ihr Zuhause nennen können und wollen. Ab diesem

Punkt ist dann auch meistens erst eine hohe soziale Interaktionsrate möglich, die für das vielfach erwünschte „vibrierende Leben" sorgt.

Entsprechend haben sich auch das Verständnis von und die Anforderungen an eine „gute" Quartiersentwicklung gewandelt. Beschränkte sich Quartiersentwicklung im Sinne einer „Planung, Erschließung, den Bau und den Betrieb eines urbanen Gebiets" (Radecki 2017) in der Vergangenheit auf die kostengünstige Erstellung von (einzel-)zweckgerichteten Gebäuden, schwillt der Rufe nach mehr Nachhaltigkeit, Inklusion, Vernetzung und Innovation immer weiter an. Ziel heute ist die Schaffung moderner Lebensräume durch intelligente, ganzheitliche und partnerschaftliche Quartiersentwicklungskonzepte mit multifunktionalen Nutzungsansätzen. Dafür werden gesellschaftliche, ökologische, wirtschaftliche und technologische Aspekte gleichberechtigt adressiert und sinnvoll miteinander verknüpft, wie es auch der Städtetag Baden-Württemberg beschreibt: „Eine zentrale Chance besteht darin, eben keine nebeneinanderstehenden punktuellen Lösungen für jedes Thema zu finden – sondern eine passgenaue Strategie zu entwerfen, wie Themenfelder miteinander verbunden werden. Das ist der Mehrwert, den Quartiersentwicklung bietet: Sie betrachtet alle Bereiche des sozialen Nahraums und verzahnt die Themenfelder miteinander" (Städtetag Baden-Württemberg o. J.).

Quartiere bilden für solche Konzepte einen perfekten gemeinsamen Treffpunkt, wo Verwaltung, Bürger, Wirtschaft und Wissenschaft im echten Leben aufeinandertreffen und (im Gegensatz zur Stadtebene) noch gewisse Umsetzungsmöglichkeiten für den Einzelnen aufweisen. Ein langfristig angelegtes „Echtzeit-Labor" eben, wobei die Bewohner und Nutzer des Quartiers nicht als fremdbestimmte Versuchskaninchen anzusehen sind, sondern als Entwicklungspartner und Beteiligte auf Augenhöhe. Moderne Quartiersentwicklung kann am Ende also nicht „Quartiere erschaffen". Sie kann aber auf Basis lokaler Grundlagen und vorausschauender Planung einen physischen Raum kreieren, in welchem ein Quartier und seine Bewohner sich selbst in eine gute Richtung entwickeln können.

2.2   Aktuelle soziale, ökologische, ökonomische und technologische Herausforderungen

Die Welt unterliegt seit jeher einem ständigen Wandel, dem es sich zum Überleben und gut Leben wahlweise anzupassen oder zu begegnen gilt. Was die heutigen Herausforderungen und (Mega-) Trends jedoch von denjenigen der letzten Jahrhunderte unterscheidet, ist deren Geschwindigkeit und Massivität. Ob alternative

Mobilität, die Transformation zu einer Wissens- und Dienstleistungsgesellschaft, eine wachsende und alternde Bevölkerung, mehr nachhaltige und gesunde Lebensweisen bis hin zum Einsatz vernetzter cyber-physischer Systeme: Die damit einhergehenden Problemstellungen, aber auch Chancen sind immens und teilweise (noch) nicht absehbar. Einen guten ersten Überblick über verschiedene zentrale Megatrends unserer Zeit, deren Zusammenspiel sowie mögliche Erscheinungsformen liefert die Megatrend-Map des ZukunftsInstituts (ZukunftsInstitut 2018).

Diese zukünftigen Entwicklungen wirken sowohl auf den einzelnen Menschen ein, aber auch auf Gesellschaften und eben Städte und deren Quartiere als Ganzes. Das Gute daran: Wir sind diesen Trends nicht passiv ausgesetzt, sondern können unsere Zukunft selbst mitgestalten. Es liegt an uns, ob wir uns langfristig auf eine dystopische Welt ähnlich der Buchreihe „Mortal Engines" (Wikipedia o. J.) zu bewegen, in welcher Städte wie London und Bayreuth zu fahrenden Festungen umgewandelt wurden und im Sinne des vorherrschenden, „Städtedarwinismus" genannten Systems gegenseitig Jagd aufeinander machen, oder nicht. Dementsprechend liegt der Ausgangspunkt zu einer zukunftsgerichteten Stadt- und Quartiersentwicklung bei jedem von uns selbst. Denn wie heißt es im Arabischen: „Willst Du Dein Land verändern, verändere Deine Stadt. Willst Du Deine Stadt verändern, verändere Deine Straße. Willst Du Deine Straße verändern, verändere Dein Haus. Willst Du Dein Haus verändern, verändere Dich selbst." (Change Leadership o. J.).

Um dieser proaktiven Rolle gerecht zu werden, ist ein erstes Verständnis der aktuell bestehenden Herausforderungen notwendig. Auf dieser Basis können anschließend durch gemeinsame und partizipative Vorgehensweise Lösungsansätze entwickelt werden, die von allen mitgetragen und vorangetrieben werden. Daher werden nachfolgend verschiedene Trends und Entwicklungen aufgezeigt, die unser aktuelles und zukünftiges (Zusammen-)Leben prägen:

Soziales – Hier geht es um die Frage, wie wir uns derzeit und perspektivisch als Gesellschaft und im alltäglichen Umgang verändern. Dazu gehören z. B. soziodemografische sowie soziokulturelle Aspekte wie etwa die Beobachtung von Werteverschiebungen bei den Menschen.

- Demografischer Wandel in Form rückläufiger oder zumindest stabil niedriger Geburtenraten in Verbindung mit einem steigenden Anteil an älteren Menschen sowie deren und unserer weiterhin steigenden Lebenserwartung.
- Eine zunehmende Diversifizierung der Bevölkerung u. a. durch Immigration und Werteverschiebungen sowohl auf Stadt- als auch Stadtteilebene. Dies kann einerseits zu einem vielfach erwünschten „urbanen, bunten und reizvollen Ort"

führen. Andererseits besteht beim Fehlen eines übergreifenden „gemeinsamen Ankers" auch die Gefahr der Polarisierung, die im schlechtesten Fall zu Formen von Ausgrenzung und sozialer Segregation führt.

- Die Gefahr oder auch empfundene Angst vor sozialer Exklusion, die sich durch einen fehlenden (weil z. B. zu teuren oder sehr umständlich zu erreichenden) Zugang zu Bildung, Freizeit und Teilhabe äußert. Dies betrifft nicht nur ohnehin oftmals exponierte Personengruppen wie Alleinerziehende, finanziell eingeschränkte sowie ältere und behinderte Menschen, sondern auch zunehmend mehr Menschen aus der „normalen" traditionellen Mittelschicht.
- Eine mindestens wahrgenommene Anonymisierung in (Groß-)Städten mit teilweise rückläufigem nachbarschaftlichen Zusammenhalt im normalen Alltag. In einzelnen Ausnahmefällen kann es jedoch durch „Sondersituationen" wie z. B. einer drohenden Entmietung im kompletten Mehrparteienhaus auch schnell zu einer (zweckgebundenen) Mobilisierung der Anwohnerschaft kommen.
- Gleichzeitig nimmt der Wunsch nach mehr Bottom-up – Mitbestimmung beim Neu- oder auch Umbau von Quartieren sowie einzelnen Gebäuden zu. Das betrifft sowohl die aktuellen als auch künftige Bewohner sowie Vertreter aus der unmittelbaren Nachbarschaft. Das schließt zuweilen auch explizit die Bereitschaft für ein finanzielles Engagement z. B. in Form von Genossenschaften ein, wobei der Wunsch nach geringen Einstiegshürden sowie wenig Zeitaufwand besteht.
- Die zunehmende Individualisierung und Vielfalt von Lebensformen, die zu neuen Definitionen von „Familie" und „Freunden" führt und damit einer veränderten Form von Zusammenleben. Zudem wächst auch die Anzahl von 1- und 2-Personenhaushalten: 2018 machten diese zusammen rund 75 % aller Haushalte in Deutschland aus (Umweltbundesamt 2019).
- Die Bedeutung von Gesundheit, Inklusion und Nachhaltigkeit nimmt tendenziell zu, wenn auch teils gegenläufige Handlungen in der Praxis zu beobachten sind (bspw. Beliebtheit von SUVs sowie Wochenendtrips per Flugzeug; Paketflut durch Onlineshopping).

Ökologie – Fragen der Nachhaltigkeit nehmen im Quartiers- und Städtebau angesichts des fortschreitenden Klimawandels eine immer zentralere Rolle ein. Dabei wird auch mit Elementen geplant, die nicht neu sind, sondern schlicht wiederentdeckt werden, z. B. das Konzept der „Gartenstadt" (vgl. Fishman 1982) oder städtische Schrebergärten als erste Formen des heutigen „Urban Gardening" (vgl. Jungblut 2012).

- Ein verstärkter Wandel weg von „autogerechten" Entwicklungskonzepten und hin zu „walkable cities" (vgl. Speck 2012) mit einem Fokus auf Mobilität per Fahrrad, öffentlichen Verkehrsmitteln, zu Fuß sowie ergänzenden Sharingmodellen.
- Das Umsteuern auf mehr erneuerbare und dezentrale Energieformen, inklusive intelligenter Verteilnetze, Mieterstromkonzepte sowie die Nutzung natürlicher Wärme- und Kühlungsquellen für die unterschiedlichen Jahreszeiten.
- Der Wunsch nach weniger Ressourcenverschwendung beim Bauen durch eine längere Lebensdauer der Bauteile sowie eine bessere Wiederverwertung von Ressourcen (Stichworte für den interessierten Sucher: Recycling; Up- und Downcycling; Urban Mining; Cradle to Cradle).
- Die verstärkte Verwendung alternativer Baustoffe, wozu bspw. Holz und Bambus statt Beton sowie Hanf statt Styropor als Dämmstoff gehören.
- Es ergeben sich neue Anforderungen an die Klima-Resilienz von urbanen Räumen und ihrer Infrastruktur durch die Zunahme von extremen Wetterereignissen wie Starkregen oder Hitzeperioden. Hierfür gibt es bereits gute Konzepte, die sich etwa unter dem Oberbegriff „Schwammstadt" vereinen lassen (vgl. Umweltbundesamt 2017).
- Städte und ihre Bewohner möchten die Natur wieder in die Stadt „zurückholen", sei es in Form von Parks, Stadtbäumen, grünen Dächern oder vertikalen Gärten. Dazu gehören auch Selbstversorgungskonzepte („Urban Farming") bzw. Formen von solidarischer Landwirtschaft im unmittelbaren Stadtumfeld in Kooperation mit dort ansässigen Landwirten, wie es etwa das „Netzwerk Solidarische Landwirtschaft" aus Bad Belzig durchaus erfolgreich verfolgt (vgl. Netzwerk Solidarische Landwirtschaft o. J.).

Ökonomie – Auch das Wirtschafts- und Arbeitsleben unterliegt permanenten Veränderungen, die sich entsprechend auf die Situation, Gestaltung und Nutzung von urbanen Räumen auswirken.

- Der Fachkräftemangel in immer mehr Branchen mit einem einhergehenden Umzug von Arbeitskräften in Richtung der (Groß-)Städte aufgrund vielfältigerer Angebote.
- Ein – an vielen Stellen zu beobachtender – Rückzug von grundlegender Basisinfrastruktur in ländlichen Regionen zur Nahversorgung (z. B. Lebensmittel, gesundheitliche Versorgung, Bank, Post, Bildung, ÖPNV).
- Die vermehrte Bildung von Zweiverdiener-Haushalten mit einhergehendem Zeitmangel für klassische ehrenamtliche und gesellschaftliche Freizeitaktivitäten.

- Ein Rückgang des traditionell stationären Einzelhandels, da sich Konsumenten eine digitale Vernetzung von Online- und Offline-Shopping wünschen sowie z. B. Möglichkeiten für gemeinsame Produktentwicklung. Es braucht also neue Formen von „lokalem Gewerbe", etwa einem 3D-Druck-Spezialisten anstelle des Textilladens.
- Große Ketten und als „geringerwertig" wahrgenommene Läden wie Shisha-Bars, Handy-Repairshops, Dönerbuden und Spielhallen ersetzen die vormals diversifizierte, lokale Einzelhandelsstruktur in zentralen Lagen.
- Die (digitale) Plattform- und Sharing-Wirtschaft gilt als ein zentraler Veränderungstreiber in den verschiedensten Bereichen (Energie, Nahrung, Wohnen, Gebrauchsgüter für Privathaushalte, Mobilität etc.).
- Einerseits findet eine zunehmende Verflechtung von Arbeits- und Privatsphäre statt, andererseits ist mittlerweile eine stärkere Flexibilisierung sowie Ausrichtung von Arbeit und Arbeitgebern nach den Wünschen der Arbeitnehmer zu beobachten (z. B. Home-Office; dezentrale Co-Working Spaces vor Ort).
- Viele Städte und Kommunen haben zunehmend Finanzierungsschwierigkeiten, was die alleinige Bereitstellung von Geldmitteln für eine Weiterentwicklung der eigenen Gemeinde betrifft. Es wird mehr und mehr mit Formen von begleitenden Ko-Finanzierungen durch staatliche Förderprogramme, wirtschaftliche Akteure oder bürgergetragene Schwarmfinanzierungen experimentiert.

Technologie – Das permanent rasche Voranschreiten des technologischen Fortschritts ist eines der wesentlichen Merkmale der neuesten Zeit. Daraus ergeben sich auch für die Quartiersentwicklung neue Möglichkeiten, z. B. durch digitale Planungs-, Beteiligungs- und Sharing-Tools.

- Der Megatrend der Digitalisierung steht trotz aller bereits angestoßenen Umwälzungen weiterhin erst am Anfang. Gerade in Verbindung mit der zunehmend möglichen Automatisierung wird es zu Veränderungen kommen, die sich auch auf die Gestaltung und Nutzungskonzepte von Quartieren auswirken werden (bspw. Industrie 4.0-Ansätze; kundenindividuelle Massenproduktion in Echtzeit; autonome Fahrzeuge im öffentlichen Nahverkehr mit einer stärkeren Bedarfsorientierung anstelle starrer Fahrpläne).
- Es gilt, die Gefahr der Entstehung einer gesellschaftlichen Spalte zwischen einer „digitalen Elite" und „digital Abgehängten" zu verringern (über Alters- und Sozialschichten hinweg). Hierfür braucht es nutzerfreundliche, einfach zu verstehende und bedienende Angebote mit einer sinnvollen Verknüpfung von digitalen und weiterhin analogen Bausteinen.

- Sowohl privat als auch beruflich lässt sich ein verändertes Kommunikations- und Interaktionsverhalten beobachten. Durch einen 24h-Zugang zu Social Media und anderen digitalen Kommunikationstools vereinfacht sich die Online-Partizipation erheblich. Weiterhin kann es dadurch einerseits zu einer persönlichen Entfremdung zwischen Menschen kommen, andererseits ermöglicht es den Aufbau von „digitalen Beziehungen" mit geographisch weit entfernt lebenden Menschen, welche für diese Person eine mindestens gleiche „Wertigkeit" oder Bedeutung wie physische Beziehungen entfalten.

- Hinzu kommen die zunehmende Verbreitung und Nutzung digitaler Elemente zur Meinungsbildung, zum Austausch sowie der Koordination und Abstimmung gemeinsamer Aktivitäten. Damit steigt allerdings ggf. auch die Notwendigkeit einer Moderation durch Online-Moderatoren, um etwa sprachliche Eskalationen oder ein Abschweifen vom eigentlichen Thema zu vermeiden. Sind diese gegeben, sind die Möglichkeiten vielfältig: von Ehrenamts- und Quartiersplattformen über den „digitalen Gemeinderat" mit der Übertragung von Sitzungen per Video-Livestream und ggf. Chat-Support bis hin zu virtuellen kommunalen Marktplätzen zur Stärkung des regionalen Einkaufens. In diesem Kontext können auch (virtuelle) Regionalwährungen möglicherweise eine neue Relevanz entwickeln.

- Eine Herausforderung gerade für den stationären Einzelhandel ist die Übertragung der Erfahrungen und Erwartungen des Verbrauchers aus der Online-Welt (Same-Day-Delivery; 24h-Nutzbarkeit; personalisierter Service z. B. durch Chatbots; Kostenvorteile usw.) auf die Offline-Welt. Dementsprechend braucht es zur Etablierung und Bewahrung einer diversifizierten physischen Einzelhandelsstruktur im Quartier Multikanal- und neue Servicestrategien, ausgerüstet mit einer grundlegenden digitalen Infrastruktur.

- Durch den immer wieder neuen Stand der Technik besteht die Möglichkeit, negativ empfundene gesellschaftliche Entwicklungstendenzen abzumildern. Hierzu gehört z. B. die temporäre oder permanente Einführung telemedizinischer Konzepte als eine Reaktion auf die Abwanderung oder Nachfolgeproblematik des lokalen Hausarztes.

- Bei allem technischen Fortschritt und den Vorteilen, die dieser mitbringen kann: Planer und Entwickler von Quartiersprojekten sollten nicht die Wurzeln und Identität der betreffenden Region und ihrer Bewohner außer Acht lassen. Ganz im Sinne des Grundsatzes „Zukunft braucht Herkunft" gilt es, erhaltenswerte und identitätsstiftende Elemente auf Gebäude-, Quartiers- und Stadtebene bei der allgemeinen Weiterentwicklung zu bewahren und, sinnvoll ins Gesamtkonzept integriert, mitzunehmen.

Die vorliegende, bei Weitem nicht abschließende Übersicht zeigt, wie anspruchsvoll und komplex der Anspruch sein kann, vorausschauende und ganzheitliche Quartiersentwicklung zu betreiben. Nicht zuletzt aus diesem Grund ist ein Mitnehmen und Mitmachen-Lassen der Bürger und (künftigen) Bewohner bei solchen Projekten unerlässlich. Nur auf diese Weise bekommen professionelle Projektentwickler über die eigenen begrenzten Kapazitäten hinaus mehr Ideen, Input und ggf. zusätzliche finanzielle und Woman- und Manpower. Nachbarschaften sind dementsprechend als „Machbar-schaften" zu verstehen und zu inkludieren.

Die Komplexität einer solchen „360-Grad-Quartiersentwicklung" reduziert sich darüber hinaus auch dadurch, dass viele der genannten Trends sich miteinander verzahnen lassen bzw. eine Lösung mehrerer Entwicklungen gleichzeitig Rechnung tragen kann. So wird eine „Stadt der 10-Minuten-Wege" sowohl einem höheren Anteil älterer Menschen in der Bevölkerung gerecht („Alte Füße, müde Füße") als auch dem Wunsch, dass z. B. (Klein-)Kinder *per pedes* sich in ihrem Quartier bewegen können, ohne auf Autofahrdienste der Eltern angewiesen zu sein, wodurch sich wiederum der innerstädtische Autoverkehr reduzieren lässt („Kurze Beine, kurze Wege"). Eine farbenfrohere Außengestaltung von ansonsten formatgleichen Gebäuden in einem neuen Quartier anstelle von vielfach üblichem Einheitsweiß sorgt nicht nur für eine optische Aufwertung des Viertels. Für Kinder kann es wichtige Kreativitätsschübe bringen, während älteren oder anderweitig beeinträchtigen Mitmenschen eine einfache, gut sichtbare Hilfe zur räumlichen Koordination im öffentlichen Raum geboten wird. All diese Wünsche und Belange gilt es aber im ersten Schritt überhaupt zu identifizieren und von den Betroffenen selbst oder in der Bevölkerung akzeptierten „Stellvertretern" aufzunehmen, um sich ein Bild von den spezifischen Herausforderungen am jeweiligen Standort des Quartiersprojekts zu machen. Hierfür braucht es verstärkt (auch neue und deutlich konsequentere) Formen der Bürgerbeteiligung, wie es in den nachfolgenden Kapiteln beschrieben wird.

2.3 Neue Wege der Quartiersentwicklung durch mehr Bürgerbeteiligung

Wie in Abschn. 2.1 beschrieben, ist es Ziel einer zeitgemäßen Quartiersentwicklung, moderne Lebensräume durch intelligente, ganzheitliche und partnerschaftliche Konzepte mit multifunktionalen Nutzungsansätzen zu schaffen. Aufgrund der vielfältigen diversen Entwicklungen sind auch die Bedürfnisse und Anforderungen der aktuellen und zukünftigen Quartiersbewohner- und

Bewohnerinnen sehr verschieden. Es gilt daher, bei der Planung und Entwicklung von neuen Quartieren darauf zu referenzieren. Bürgerbeteiligungen sind dabei das Mittel der Wahl. Wie werden diese heutzutage durchgeführt? Welche Herausforderungen gibt es und welche Chancen ermöglichen neue Ansätze? Im folgenden Kapitel soll darauf eingegangen werden.

In der Politik sind Beteiligungsformate für viele Sachverhalte von öffentlichem Interesse seit Jahren im Einsatz und haben eine lange demokratische Tradition. Zuletzt erleben Bürgerbeteiligungen einen wahren Boom als politisches Werkzeug für gelebte Partizipation. So heißt es im Koalitionsvertrag der grün-roten Landesregierung Baden-Württemberg aus 2011: „Die Zeit des Durchregierens von oben ist zu Ende. Gute Politik wächst von unten, echte Führungsstärke entspringt der Bereitschaft zuzuhören. Für uns ist die Einmischung der Bürgerinnen und Bürger eine Bereicherung. Wir wollen mit ihnen im Dialog regieren und eine neue Politik des Gehörtwerdens praktizieren" (BÜNDNIS 90/DIE GRÜNE Baden-Württemberg 2011, S. 1). Wie ernst es der Politik damit ist, zeigt beispielsweise die zusätzlich aufgesetzte Verwaltungsvorschrift der Landesregierung zur Intensivierung der Öffentlichkeitsbeteiligung in Planungs- und Zulassungsverfahren (VwV Öffentlichkeitsbeteiligung), herausgegeben als VDI-Richtlinie 7001. Viele Förderprogramme im Bereich der Stadtentwicklung fordern durchgeführte Bürgerbeteiligungen als Voraussetzung für eine Bewilligung der Fördermittel als Teil des Antrags. Auch das Baugesetzbuch fordert Bürgerbeteiligung bei großen Bauprojekten wie z. B. bei der Quartiersentwicklung. Bei dieser geht es für den Bürger als zukünftigem Bewohner hingegen um mehr als bei anderen Projekten.

Egal, ob man ein komplett neues Quartier auf der „grünen Wiese" (Greenfield) erschafft, ob man mit teilweise vorhandenen Baukörpern agieren muss (Brownfield) oder ob man in einem gewachsenen Bestand (Bestandsquartier) arbeitet, die Gemeinsamkeit ist, dass man immer in einem vorhandenen städtischen Gefüge interagiert und somit entweder einen neuen Baustein zum vorhandenen „Sammelsurium" hinzufügt oder einen solchen verändert (vgl. Abschn. 2.1). Geht es um eine Quartiersentwicklung im Greenfield, dann ist von vorneherein klar, dass man keine komplett neuen Quartiere einfach so erschaffen kann. Stattdessen geht es im ersten Moment um Schaffung von Raum im architektonischen bzw. städtebaulichen Sinne. Über diesen physischen Raum kreiert man somit eine dreidimensionale Plattform, auf der sich das lebendige soziale Quartier nun selbst entwickeln kann, ja sogar muss, so dass der Bewohner sagt: „Ja, ich lebe in einem Quartier". Im Fachjargon spricht man dann von sogenannten „Mixed-Use Quartieren". Nicht immer wird dabei vorausgesetzt, dass es sich dabei um die Erschaffung von neuen „Lebens-Mittelpunkten" und nicht um rein funktional orientierte städtische Bereiche handelt. Die Nutzer stehen dabei als relevante Stakeholdergruppe im Zentrum der Gestaltung. Jedoch darf man nicht vergessen, das vor allem in Bestandsquartieren die Rechte und Pflichten bzw. Interessen der Eigentümer von z. B. einzelnen Immobilien eine enorme Hürde sein können, diese Gestaltung auch umzusetzen.

In der aktuellen Praxis läuft Bürgerbeteiligung für solche Quartiersentwicklungen folgendermaßen ab: Man setzt die üblichen raumplanerischen, städtebaulichen und architektonischen Werkzeuge im baurechtlichen Rahmen und entsprechend eines angesetzten Budgets ein. Im Rahmen des konzeptionellen Entwicklungsprozesses werden dabei auch die Bürgerinnen und Bürger als aktuelle bzw. zukünftige Bewohner und somit Nutzer aktiv miteinbezogen. In diesen Verfahren werden gemeinhin planerische Informationen geteilt und offene Diskussionen geführt, oft auch die Meinung der An- bzw. Bewohnern von Bauvorhaben abgefragt. Daraufhin wird der Planungsprozess durch die Fachleute aus Stadtplanung und Architektur weiterverfolgt. Auf die Interessenslage des/der Eigentümer wird dabei insbeondere referenziert. Im Ergebnis entsteht das neue Bauvorhaben, bei dem mal mehr, mal weniger auf die Ergebnisse der Diskussion in den Bürgerbeteiligungen eingegangen worden ist. Häufig wird eine erprobte Lösung aus einem anderen Projekt so auch im neuen Quartier umgesetzt. Nur wird selten auch langfristig verfolgt, wie sich die Lösung eigentlich entwickelt und tatsächlich genutzt wird.

An dieser Stelle zeigen sich dann die Grenzen der klassischen Stadtplanung und Architektur: Zwar weiß man aus sehr praktischer und jahrhundertelanger Erfahrung, wie man ideal nutzbare Orte gestaltet – ganze Designerscharen unterschiedlicher Fachexpertisen können damit beschäftig werden. Jedoch bestimmt letztendlich immer der Nutzer selbst, welchen Wert und Mehrwert er an einem Ort, einem Raum, einem Nutzungskonzept findet. Die Folge: Das „Copy und Paste" eines erfolgreichen „Lebens-Mittelpunkts" von einem Quartier in ein anderes ist auch für Fachexperten kaum möglich, denn jedes Quartier ist anders durch die ganz individuelle Zusammensetzung der Bewohner, seine Historie und sein Umfeld. Zahlreiche Beispiele bestätigen, dass „gut gemeint" und „nach aktuellem Stand der Technik" dabei schnell keine Rolle mehr spielen, wenn der oder die Nutzer etwas anderes in dem Ort bzw. dem Raum sehen. Ein Spielplatz, der Kinder nicht zum Spielen animiert, weil er nicht die Spielbedürfnisse der Kleinen adressiert, erfährt bald eine neue Nutzung durch andere Gruppen. Ein Sandkasten wird dann schnell zum Hundeklo, die Schaukel ggf. zum Flirtplatz für Jugendliche. Kurz gesagt: Der Köder muss dem Fisch schmecken und nicht dem Angler. Daraus entsteht nicht selten ein Politikum mit Konfliktpotential, ein Aufeinanderprallen von unterschiedlichen Nutzergruppen und Interessenslagen, die sich erst im Lauf des Nutzungsprozesses ergeben und vorab so im vorangegangenen Beteiligungsprozess nicht erkennbar waren.

Die Grundidee der Öffentlichkeitsbeteiligung ist unter anderem „gelebte Demokratie". Was recht einfach klingt, ist es jedoch in der Praxis nicht immer. Beteiligungsformate gelten allgemein zunächst als Mittel, um alle Beteiligten und Betroffenen näher zusammenzubringen. Meist wird sie mit der Intention eingesetzt, über offene Diskussionen eine bessere Akzeptanz von teils auch unangenehmen Entscheidungen zu erzeugen. Dabei wird viel diskutiert, viel zugehört, aber im Regelfall wenig gestaltet. Bei vielen Teilnehmern entsteht so manchmal auch das Gefühl, der Beteiligungsprozess sei mehr eine Alibiveranstaltung denn wirklich ernst gemeint.

Nach mehreren Jahren mit solchen Formaten und Gefühlen sind die Bürger und die Politik mittlerweile eher ernüchtert. Aus den gemachten Erfahrungen hat sich stellenweise sogar Frustration aufgestaut, weshalb viele Menschen mit langjähriger Erfahrung im Bereich der Organisation und Durchführung von Bürgerbeteiligungsformaten feststellen, dass nicht nur der Umgangston deutlich rauer geworden ist. Sie berichten davon, dass die Menschen oft nicht mehr von ihren festgefahrenen Meinungen abrücken (können oder wollen?) und kaum noch offen für Argumente aus anderem Blickwinkel sind. Daraus folgt leider, dass Einzelinteressen, wenn Sie nur laut und aggressiv genug vorgetragen werden, oftmals mehr Gehör finden, als solche mit einem breiten Konsens. Viele andere sind dann unzufrieden, frustriert, fühlen sich nicht gehört und gesehen. Dieses „Partizipationsparadox" ist bei weitem nicht nur ein Thema der Quartiersentwicklung und lässt sich so beschreiben: „Obwohl einerseits auf allen politischen Ebenen die Partizipationsoptionen steigen und mit erweiterten Beteiligungsangeboten experimentiert wird, sinkt andererseits das Vertrauen in politische Prozesse, Akteure oder Institutionen, werden Streiks und Proteste (von „Occupy" bis „Fridays for Future") organisiert und mobilisieren Populisten besonders mit der Kritik an aus ihrer Sicht mangelnder Mitsprache der Bürger. Damit koinzidiert die Ausweitung der Möglichkeiten und Angebote überraschenderweise mit einem wahrgenommenen Mangel an Partizipation." (Hoffmann et al. 2019). Die Bürgerschaft hat begonnen, im hohen Maß an der Kompetenz der Veranstalter bzw. Auftraggeber und deren Aussagen zu zweifeln, es herrscht ein hohes Misstrauen. In der Politik und Verwaltung führt dies sogar zu einer reduzierten Entscheidungsfreudigkeit. Stattdessen verlagert man Probleme in Bürgerbeteiligungsprozesse. Die Verwaltungen sind teilweise überfordert mit den Wünschen und Hinweisen aus den Bürgerbeteiligungen und finden und erhalten keine klare Linie für die Umsetzung. Auch hier entsteht Unsicherheit und Frustration. Dies alles erschwert die Arbeit solcher, die eine Bürgerbeteiligung als ernstgemeinten Prozess verstehen und Lösungen mit einer breiten Akzeptanz suchen. Denn die eigentliche Intention eines Bürgerbeteiligungsprozesses, alle Beteiligten näher zusammen zu bringen, wird somit ad absurdum geführt. Fachleute empfehlen daher: „Partizipation ist vor allem dort sinnvoll und zielführend, wo Entscheidungsräume klar und sachdienlich definiert wurden (wenn also bspw. zwei gleichermaßen gangbare Optionen bestehen, zwischen denen gewählt werden kann)." (Hoffmann et al. 2019). Es kommt somit sehr darauf an, wie man den Frage- und Gestaltungsraum organisiert, zu dem die Beteiligung stattfindet. Es ist dabei sehr wichtig, wie man die Fragen formuliert und mit welcher Intention man Methoden einsetzt.

Für die Beteiligungsformate in der Quartiersentwicklung ergibt sich daraus eine große Chance. Bei einem Greenfield- oder Brownfield-Quartier hat man den Vorteil, einen Entscheidungsraum zu erschaffen, der über die üblichen offenen Fragen hinaus geht: Wie wollt ihr Bewohner dort wohnen und leben? Welches gesellschaftliche, soziale, kulturelle Angebot wünscht ihr euch und wo wünscht ihr euch welche Nutzung? Natürlich geht es dabei auch darum, was man als Bewohner <u>nicht</u> haben möchte. Bei einem Bestandsquartier dreht sich eine Bürgerbeteiligung im Regelfall um einzelne Ausschnitte des Quartiers, einzelne Umnutzungen oder auch Verbesserungen von Raumkonzepten für mehr Nutzerfreundlichkeit innerhalb des Quartiers. Dabei sucht man nach neuen Ansätzen als Mittel zur „Stadtakupunktur", um die „Selbstheilungskräfte" des Quartiers zu (re)aktivieren (vgl. Abschn. 2.1). Kombiniert man dies mit dem Wunsch der Menschen einer Bottom-up -Mitbestimmung, kann viel Potenzial für zukunftsweisende Lösungen entstehen. Die Teilnehmer müssen sich ernst genommen und am Prozess beteiligt fühlen.

Der Knackpunkt: Gehörtwerden alleine bringt zunächst noch keine praktikable Lösung. Denn wie oben bereits erwähnt, geht es eben nicht einfach darum, auf den zu hören, der am lautesten schreit und darum, alle Vorschläge und Meinungen einfach hin- und zu übernehmen. Zunächst geht es erstmal um genau das: Es hört jemand zu, und es setzt sich jemand mit dem Angehörten auseinander. Was darauf folgen sollte, ist der eigentlich relevante Schritt, der in der aktuell gelebten Praxis jedoch selten getan wird: Es geht darum, das Gehörte zu hinterfragen und den Kern der Aussagen zu erkennen. Nur wer Sachverhalte oft genug intelligent hinterfragt und dazu auch die Richtigen fragt, kommt auch auf die Ursache eines Problems und kann ein lösungsorientiertes Handeln ableiten. Überträgt man das Prinzip auf die Bürgerbeteiligung in der Quartiersentwicklung, dann geht es bei der Beteiligung eben nicht nur darum, dass die Menschen ihre Meinung äußern, sondern sich auch an der Gestaltung beteiligen können, dürfen und sollen. Wenn man diese Möglichkeit schafft, dann ist die Chance ungleich höher, dass die

Vertreter der Bürger, die im als Beteiligungsformat aufgesetzten Gestaltungsprozess mitwirken, dazu beitragen, eine Lösung mit einer hohen Akzeptanz entwickeln. Eine hohe Akzeptanz kann zu einer langfristig hohen Attraktivitätswahrnehmung beitragen. Damit einher geht im Optimalfall eine Identifikation der Bewohner mit dem Ort und auch ein Gemeinschaftsgefühl, wie wir es uns im lebenswerten Quartier wünschen.

Die Thematik der Identifikation führt unweigerlich zur nächsten Herausforderung beim Thema Bürgerbeteiligung im Quartier: Entwicklung und Erstellung ist das Eine, dauerhaft wertstiftende Nutzung das Andere. Dabei geht es um den Nutzer als bestimmendes Element, dessen Wünsche und Bedürfnisse adressiert werden müssen. Das hat sehr viel gemein mit der Entwicklung eines guten Produktes, einer guten Lösung für den Konsumenten. Die zunehmende Individualisierung und Vielfalt von Lebensmodellen macht diese Unterfangen nicht einfach. Wie bereits im vorangegangenen Kapitel erwähnt, braucht es nutzerfreundliche, einfach zu verstehende und zu bedienende Angebote. Im Prozess des Zuhörens wurden Wünsche und Belange im ersten Schritt zunächst identifiziert. Im nächsten Schritt geht es darum, die architektonische Plattform so zu gestalten, dass die zunächst inhaltsleeren Räume für die Bewohner durch ihre (Be-)Nutzung einen Wert schaffen. Auch hier ist die Beteiligung der letztendlichen Nutzer bereits in einem frühen konzeptionellen Stadium eine große Chance.

Die Attraktivität eines Ortes abhängig davon, ob man sich damit identifiziert. Identität entsteht vornehmlich durch die Nutzung und auch nur dann, wenn die Nutzer auch eine gemeinschaftliche Basis haben. Diese Identität einer Gemeinschaft ist somit sehr wichtig für ihren Erfolg, nicht nur im Gestaltungs-, sondern vor allem im Nutzungsprozess. Gemeinsamkeiten sind z. B. (soziale) Herkunft, Geschlecht, Alter oder gleicher Kulturkreis. In der Regel hat das Problem bzw. Bedürfnis, welches die Lösung adressiert, jedoch das größte „Gemeinsamkeitsschaffungspotenzial". Chance für eine gute Nutzungsidentität im Quartier ist die bewusste Etablierung von Räumen, die diese Gemeinsamkeiten durch ihre Nutzung fördern. (der Begriff „Raum" ist jedoch nicht zwangsläufig dreidimensional zu verstehen). Als klassische Ansätze sind z. B. Gemeinschaftsräume und Begegnungsorte zu nennen: Bürgercafé, übergreifend nutzbare Vereinsräume, Gemeinschaftsküchen etc. Wichtig für den Erfolg und eine nachhaltige Nutzung ist dabei der Aspekt der gefühlten Selbstwirksamkeit der Menschen. Diese kann man über eine frühe Beteiligung der späteren Nutzer, z. B. im Bottom-up Gestaltungsprozess, erschaffen und darauf folgend unbedingt auch im Betrieb der Räumlichkeiten weiterführen. Das Gefühl einer hohen Selbstwirksamkeit führt dadurch idealerweise zu einer hohen Identifikation. Im Gegensatz dazu führt ein Top-Down angeordnetes, vorgesetztes und übergestülptes Konzept tendenziell eher zur Ablehnung. Der natürliche Gang der Dinge ist darauffolgend oftmals die Umnutzung. Auch ein kostenfreier W-Lan Hotspot im Wohnquartier kann somit schnell zur improvisierten Partymeile für Jugendliche und Zielort des hiesigen Pizzaservices werden, auch wenn baulich dafür nichts spricht. Während Marktplätze mit Bänken und entsprechender baulicher Infrastruktur hingegen verwaisen, weil es dort eben kein W-Lan gibt. Dieses Beispiel zeigt: Es geht im Quartier eben nicht nur um städtebauliche Identitätsstifter oder den gut gemeinten, aber schlecht durchdachten Einsatz von technisch smarten Lösungen. Es geht um Nutzungsidentität und somit um eine wertstiftende Lösung im o. g. Sinne für die Nutzergruppen: „Wenn Menschen von ihrer Gemeinde ‚Besitz ergreifen‘ sollen, muss man etwas bauen, das es wert ist, besessen zu werden" (Sennett 2018). Ob der Wert stimmt, bestimmen aber nicht der Planer oder der Bauherr, sondern die Nutzer. Diese kann man mit den richtigen Beteiligungsformaten in der Quartiersentwicklung erreichen.

Üblich sind als Formate heutzutage Versammlungen, moderierte Werkstätten und Workshops, teilweise auch ein schriftliches Vorschlagswesen; analog sowie digital. Kritiker dieser üblichen Beteiligungsformate bemerken jedoch richtigerweise, dass sich „immer die gleichen" daran beteiligen und somit ein einseitiges und durch diese Gruppe gefärbtes Meinungsbild entsteht: „Die Kehrseite eines verbreitet geringen Partizipationsinteresses ist die Überrepräsentation von Höhergebildeten, Älteren, Männern, gut organisierten Interessengruppen und politischen Minderheiten." (Hoffmann et al. 2019). Das trifft auch für städteplanerische Beteiligungsformate zu, denn wer sich daran beteilgt sind Menschen, die Zeit haben; oft Rentner, aber auch Menschen, die sich sprachlich und kulturell adäquat artikulieren können – in der Sprache des Organisators. So entstehen fast immer ähnliche Lösungen, wie z. B. die. gut gemeinten W-Lan-Spots im Wohngebiet, deren Nutzer andere sind als die Entscheider über deren Installation. Dies wirkt natürlich eher kontraproduktiv auf ein Mixed-Use Quartier, dessen gesellschaftliches Miteinander durch eine gezielte Durchmischung von ganz unterschiedlichen Orten mit wertstiftendem Nutzen und somit hoher Identifikation entstehen soll. Aus Sicht einer „360-Grad-Quartiersentwicklung" ist die Einbindung von möglichst vielen Bewohnergruppen ein relevanter Baustein und eine große Chance, ein Quartier zu erschaffen, das langfristig für alle Bewohner attraktiv bleibt. Darum sollten unbedingt auch solche Nutzergruppen beteiligt werden, die große Hürden haben, sich am üblichen Procedere zu beteiligen. Dazu müssen diese Hürden allerdings abgebaut werden: „Die Gründe zur Nichtteilnahme an Bürgerbeteiligungsverfahren sind komplex und in jeder Situation individuell verschieden. Meist ist nicht nur eine einzelne Barriere verantwortlich für die Nichtteilnahme, sondern die Interaktion und Kombination von Barrieren führen im konkreten Fall dazu, dass Menschen einer Beteiligungsveranstaltung fern bleiben oder sich nicht an einem Online-Dialog beteiligen" (Koepff o. J.). Die genauen Gründe für eine mangelnde Beteiligung wurden von Verba, Schlozman und Brady (1995) mit dem „Civic Voluntarism Model" untersucht und erläutert. Einfach heruntergebrochen sagt das Modell: „Menschen beteiligen sich nicht an Bürgerbeteiligungsangeboten, …weil sie nicht können, …weil sie nicht wollen, …weil sie niemand gefragt hat" (Koepff o. J.). Exemplarisch betrifft das die Nutzergruppe der zukünftigen Generation, die heute noch Kinder sind, von denen man gar nicht erwartet, dass sie an den klassischen Bürgerbeteiligungsformaten teilnehmen wollen, die es ohne Begleitung eines Erziehungsberechtigten meist auch nicht können und die im Regelfall erst gar nicht gefragt werden. Allgemein ist man sogar der Ansicht, dass diese Generation gar nicht partizipieren will. Dagegen spricht jedoch vieles. Es beschäftigt sich sogar ein internationales Forschungsprojekt mit Namen PARTISPACE damit („Spaces and Styles of Participation. Formal, non-formal and informal possibilities of young people's participation in European cities"/Orte und Stile von Partizipation. Formale, non-formale und informelle Möglichkeiten der Partizipation junger Menschen in europäischen Großstädten).

Dabei ist diese nächste Generation Bewohner von heute und morgen. Sie sind Identitätsstifter heute und -erhalter in der Zukunft, wenn sie das Erwachsenenalter erreicht haben. Ihre Beteiligung in Gestaltungsprozessen ist dringend notwendig. Dieses Potenzial wird üblicherweise mittels klassischer Beteiligungsverfahren nicht geschöpft. Dabei ist es dieser, wie auch jeder anderen Generation wichtig, für Beteiligung Akzeptanz zu erfahren und sich involviert und ernst genommen fühlen. Es ist somit eine Herausforderung, aber auch eine große Chance, andere Ansprachen und Aktivierungswerkzeuge zu nutzen als sonst, weil das Erleben des Alltags eben auch anders ist: „Weil die Kinder und Jugendlichen in ihren Handlungen ganz andere sozialräumliche Bezüge zu ihrer Umwelt herstellen, ist für sie der politische Raum, in dem sie sich engagieren sollen, vielfach nicht existent! Beteiligungsprojekte und Initiativen zur Selbstgestaltung beschränken sich auf bestimmte gesellschaftliche Ausschnitte und bestimmte politische Verfahren." (Reutlinger und Walther 2016). Die Anwendung des Design-Thinking-Ansatzes im Rahmen der Kinder-Ideenwerkstatt „Unser Leben in der Zukunft" zeigt eine mögliche Variante auf.

Der Design Thinking Ansatz 3

3.1 Einführung

Was bedeutet Design Thinking? Und was macht es so besonders, wenn man komplexe Fragestellungen lösen und neue Ideen generieren möchte? Warum eignet sich der Ansatz so gut in der Quartiersentwicklung? Antworten auf diese Fragen bekommen Sie auf den nächsten Seiten.

Design Thinking ist in aller Munde. Unternehmen haben eigene Innovationsabteilungen, bauen Innovationslabs und bilden eigene Design Thinking Coaches und Facilitatoren aus. Die Welt, in der wir leben, ist global vernetzt, unterliegt einem stetigen Wandel und stellt uns vor komplexe, gesellschaftliche Herausforderungen.

Der Innovationsansatz Design Thinking hilft dabei, „soziale und kreative Fähigkeiten zu entwickeln, die uns in die Lage versetzen, Probleme in Teamarbeit anzugehen und in einem systematischen Prozess neue Ideen vorzubringen." (Hopp Foundation 2018, S. 17). Die Herausforderungen in der Quartiersentwicklung liegen wie im vorigen Kapitel beschrieben auf verschiedenen Ebenen und machen die Aufgabenstellung daher zu einem sehr komplexen Unterfangen. Design Thinking eignet sich durch seine Prinzipien, wie in Abschn. 3.2 beschrieben wird, sehr gut, diese Art von Fragestellungen anzugehen.

3.2 Design Thinking Prinzipien

Design Thinking liegen wesentliche Elemente zugrunde (s. Abb. 3.1), die den Erfolg des Ansatzes maßgeblich mitbestimmen. Der Innovationsansatz bietet einen strukturierten, ergebnisoffenen Prozess, ein kooperativ handelndes Team

© Springer Fachmedien Wiesbaden GmbH, ein Teil von Springer Nature 2020   19
I. Heller et al., *Quartiersentwicklung mit Design Thinking*, essentials,
https://doi.org/10.1007/978-3-658-29840-1_3

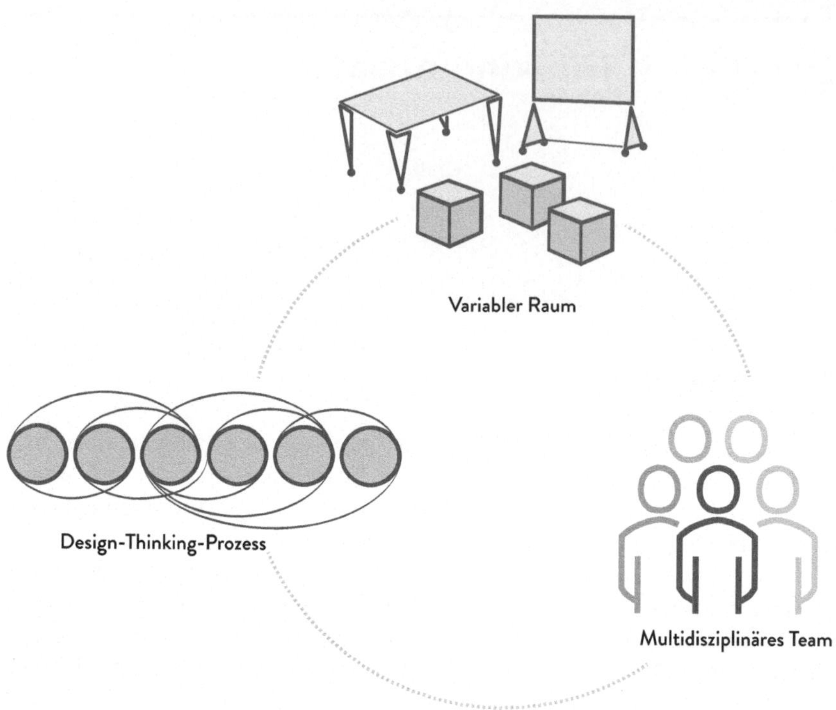

Abb. 3.1   Die Design-Thinking-Elemente

und einen kreativitätsfördernden Raum. Eingebettet sind die Elemente in eine nutzerzentrierte, offene Arbeits- und Denkkultur. Die Entwicklung von Lösungen komplexer Probleme ist dabei kein linearer Prozess, sondern geprägt von vielfältigen Iterationen und Schleifen, welche die konsequente und frühzeitige Einbindung der Nutzer- und Stakeholdergruppen mit sich bringen. Durch das ständige Nachjustieren im Prozess ermöglicht die Arbeit mit Design Thinking die Entwicklung von innovativen Lösungen, welche die im Prozess eruierten Kunden-Bedürfnisse nachhaltig erfüllen.

Im Folgenden werden diese Elemente erläutert.

3.2.1   Der Raum

„Die Umgebung, in der wir arbeiten, kann unsere Kreativität entscheidend beeinflussen." (Hopp Foundation 2017, S. 18). Daher bietet ein Design Thinking

Raum eine Atmosphäre, die zum kreativen Experimentieren und Visualisieren einlädt. Diese Atmosphäre wird durch eine flexible Raumausstattung unterstützt. Dies bedeutet, dass die Teams das Mobiliar, wie z. B. Tische, Stühle, Flipcharts und Whiteboards entsprechend ihrer Bedürfnisse flexibel verschieben und die Materialien variabel nutzen können (Weinberg et al. 2014).

3.2.2 Das Team

In divers gemischten Teams steckt eine kreative Kraft, die es für die Lösung komplexer Aufgabenstellungen bedarf. Durch eine Diversität bzgl. Geschlecht, Alter, Fachrichtung, Talente, Interessen oder Herkunft gelingt eine ganzheitliche Sichtweise auf Problemstellungen. Die optimale Gruppengröße eines Design Thinking Teams liegt bei vier bis sechs Mitgliedern.

3.2.3 Der Prozess

Der Design-Thinking-Prozess verläuft in sechs Prozess-Schritten, welche die Teams dazu anleiten, das Problem zu verstehen und es dann gestalterisch zu lösen (s. Abb. 3.2). Design Thinker tauchen zunächst in den Problemraum ein, indem sie das Problem durchdringen und die Sichtweise der Nutzer erforschen. Erst danach geht es über in den Lösungsraum, in dem Ideen generiert, als Prototyp dargestellt und diese getestet werden. Im Folgenden werden die einzelnen Phasen erläutert.

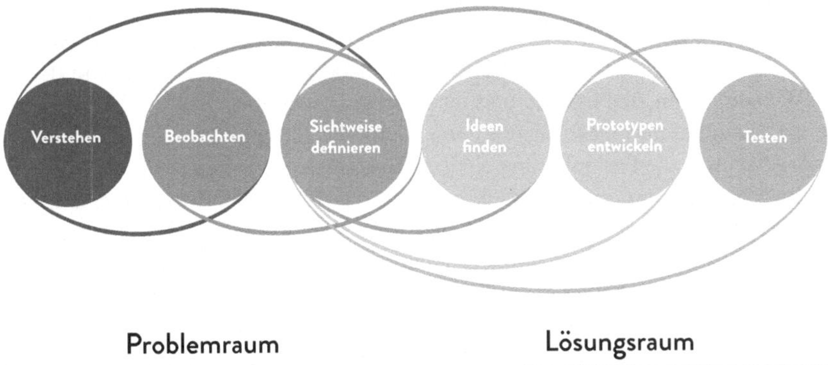

Abb. 3.2 Der Design-Thinking-Prozess

In der Verstehensphase beleuchten die Teams das Problem aus allen Richtungen. Dies ist entscheidend: Erst wenn das Problem richtig durchdrungen wurde, können nachhaltige Lösungen entwickelt werden. Mögliche Methoden im Design Thinking hierfür sind z. B. die semantische Analyse, Mindmapping oder eine Stakeholder-Analyse.

In der zweiten Phase setzen sich die Teams noch stärker mit den Bedürfnissen der betroffenen Nutzergruppen auseinander. Das Ziel der Beobachtungsphase ist der Aufbau von Empathie für die Nutzer. Es ist essentiell für das Team, ein gemeinsames Verständnis bzgl. der Sichtweisen, Bedürfnisse, Emotionen und Ängste der Nutzer in Hinblick auf die Fragestellung zu erhalten. Denn oft denkt der Mensch, die Sorgen und Wünsche seiner Mitmenschen zu kennen. Doch dies entspricht selten dem Erleben der anderen Person. Für den Aufbau von Empathie eignen sich folgende Methoden:

- Interviews führen. Den Menschen nach dessen persönlichen Erfahrungen, Gedanken, Gefühlen fragen. Das Ziel des Fragens sind konkrete Geschichten und die Bedürfnisse der Menschen.
- Feldforschung durch Beobachtung. Beobachten, wie sich die Nutzer in einem bestimmten Umfeld bewegen, wie sie sich verhalten. Welche Gegenstände oder Symbole sind wichtig?
- Eintauchen. In die Situation, das Umfeld der betroffenen Menschen selbst eintauchen, sie begleiten, von ihnen lernen, ihre Perspektive einnehmen.

In der dritten Phase werden das gesammelte Wissen und die gewonnenen Erkenntnisse konvergiert und zu einem Standpunkt synthetisiert. Die Synthese der Erkenntnisse in den vorigen Phasen wird als Point of View (POV) formuliert, in dem das Problem auf eine relevante Person heruntergebrochen wird. Hierfür eignet sich methodisch die Ausarbeitung einer oder mehrerer Personas, in denen die Person, deren Bedürfnisse und ihr Umfeld beschrieben werden. Um optimal in die Ideenfindungsphase einzusteigen, bietet das Design Thinking als Methode zum Abschluss die Formulierung einer „Wie können wir helfen?"-Frage.

Im Lösungsraum angekommen, sammelt das Team viele Möglichkeiten, wie das gemeinsam entdeckte Problem gelöst werden kann. Dafür werden in der Ideenphase mittels unterschiedlicher Brainstorming-Methoden eine Vielzahl von Ideen generiert. Hierbei ist eine offene Haltung gegenüber Ideen gefragt, denn die Ideen dürfen auch wild und out-of-the-Box gedacht sein. Es werden also zunächst so viele Ideen wie möglich gesammelt, welche erst anschließend nach Kriterien wie z. B. Machbarkeit, Innovationsgrad oder Erwünschbarkeit bewertet und abschließend priorisiert werden.

Die Phase „Prototypen bauen" hat das Ziel, die ausgewählte Idee für den Nutzer greifbar zu machen und im Team gemeinsam ein konkretes Modell zu entwickeln. Die Prototypen können dabei mit einfachen Materialien erstellt werden. Mögliche Formen der Visualisierung sind z. B. haptische Modelle mit Knete, Lego, Karton oder anderen Bastelmaterialien sowie Rollenspiele, Digital Prototyping oder auch das Visualisieren durch Malen, Zeichnen, Animieren und Foto-Collagen.

In der Testphase werden Personen eingeladen, die von der Herausforderung betroffen sind und für die das Team das Problem lösen will. Die Testpersonen sollen echtes, wertvolles Feedback geben: Kommt die Idee an? Was kann am Produkt verbessert werden? Was wünschen sich die Menschen? Mit diesen Rückmeldungen geht das Team in die Iteration.

3.2.4 Das Mindset

Nutzerzentriertes Denken, neugierig sein für Neues, Fehler zulassen und als Chance sehen...So arbeiten und denken Design Thinker. Abb. 3.3 zeigt die dafür notwendigen Eigenschaften wie Optimismus, Kooperationsfähigkeit, integratives Denken, Experimentierfreude und Empathie auf, die einen guten Design Thinker ausmachen.

Wer sich auf seine zukünftigen Nutzergruppen empathisch einlässt und versteht, dass die eigene Sicht auf die Welt sehr eingeschränkt ist; wer unbekanntes Vorgehen und neue Ufer wagt sowie frühes Scheitern zulässt, um den großen Fehler am Ende des Innovationsprozesses zu vermeiden, hat gute Chancen auf echte Innovationen und nachhaltige Lösungen. Damit ist die Denkweise ein unverzichtbarer Kern des Ansatzes. Ohne diese spezifischen Denkweisen bleibt das Arbeiten mit Design Thinking oberflächlich und führt zu keinen wirklich innovativen, nachhaltigen Lösungen.

3.3 Chancen von Design Thinking für nutzerzentrierte Lösungen in der Quartiersentwicklung

Da es mit dem Design Thinking Ansatz gelingt, gesellschaftliche und soziale Herausforderungen aktiv mitzugestalten, setzten die Autoren und Autorinnen dieses Buches den Ansatz auch ein, um neue Lösungen in der Gestaltung von Quartieren zu entwickeln. Sie gingen sogar noch einen Schritt weiter und stellten

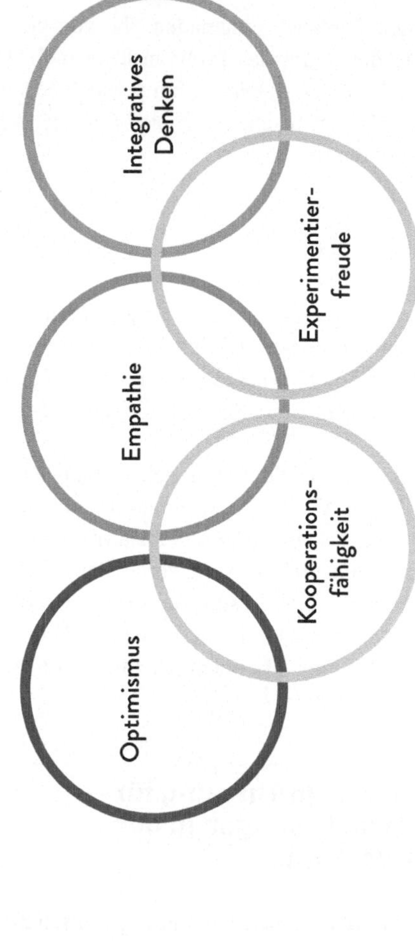

Abb. 3.3 Eigenschaften eines Design Thinkers. (nach Schallmo 2017)

für die Fragestellung ein Team von Kindern und Jugendlichen auf, welche aus ihrer Sicht Ideen und Impulse für das Leben in der Zukunft entwickelten. Denn aus dieser Generation kommen unter anderem auch die späteren Bewohner und Bewohnerinnen jener Quartiere.

3.4 Innovationsprojekte mit Kindern und Jugendlichen

Sich komplexen Fragestellungen anzunehmen erfordert Neugier. „Neugier – ein Interesse an der Welt und die bohrende Frage, wie und warum die Dinge in ihr funktionieren – ist eine grundlegende kindliche Eigenschaft" (Greenspan, S. 70). So ist es nur logisch, die kindliche Neugier zu nutzen, Probleme aus Kindersicht anzuschauen und dadurch neue Ideen zu entwickeln. Neben der Neugier ist eine wesentliche Fähigkeit im Design Thinking, Empathie mit anderen Menschen aufzubauen, um ihre Gedanken und Wünsche zu verstehen.

Die „Theory of Mind", d. h. die Fähigkeit, sich in andere Menschen hineinzuversetzen, entwickelt sich bei Kindern zwischen dem dritten und vierten Lebensjahr. Sie sind dann kognitiv in der Lage, das Beobachtete oder Gehörte von den eigenen Gedanken und Emotionen abzugrenzen. Diese Reflexion erfordert das Einnehmenkönnen von verschiedenen Blickwinkeln: Den eigenen Blickwinkel sowie das, was man bei jemandem beobachtet hat, sowie weitere Möglichkeiten. Diese differenzierte Neugier ist für die Lösung komplexer Probleme notwendig (Greenspan, S. 81). Wir sprechen hier von Empathie.

Design Thinking ist somit ein toller Ansatz, auch schon Kindern und Jugendlichen den Raum zu geben, ohne vorgefertigte Strukturen und unverrückbare Regeln deren Intuition, Empathie und Kreativität zu fördern. Welche Lösungen sie entwickeln, wenn man freies Denken zulässt, zeigt das folgende Praxisbeispiel.

Praxisbeispiel: Ideenwerkstatt „Unser Leben in der Zukunft"

4

Die Projektentwicklung von Quartieren umfasst den gesamten Prozess von der ersten Idee bis zur Fertigstellung des neuen Lebensraums. Quartiere stehen aktuell im Mittelpunkt städtebaulicher Entwicklungen: Sie bieten die Chance, den Genius Loci zu verändern und die Qualität und den Nutzwert zu beeinflussen. Quartiere sind wie eingangs beschrieben komplexe Systeme mehrerer Immobilien und verschiedener Nutzungsarten, die gemeinsam eine langfristig funktionierende wirtschaftliche Einheit bilden. Städte wiederum bestehen aus zusammenhängenden Quartieren. Die Stadt der Zukunft wird demnach über die Entwicklung zukunftsorientierter Quartiere geprägt und realisiert.

Bei der Gestaltung von Quartieren und deren zukunftsorientierter Ausrichtung geht es daher im Kern um die Beantwortung der Frage: Wie wollen und werden wir in Zukunft leben und arbeiten? Diese Frage richtet sich nicht nur an Erwachsene. Mindestens so stark betrifft sie die heutige Generation der Kinder und Jugendlichen, um deren künftigen Lebensraum es geht, wenn wir die Entwicklung unserer Städte und Dörfer diskutieren. Kinder und Jugendliche sind Experten in ihrem Lebensumfeld und sie sind die Generation, die 2030 und später Wohnraum benötigen wird.

Die Beteiligung von Bürgern, vom Kind bis zum Senioren, spielt mittlerweile eine besondere Rolle in der familienfreundlichen Stadtplanung. Die familienfreundliche Stadt ist eine Stadt für Jung und Alt, eine Stadt, in der soziale, kulturelle, wirtschaftliche und städtebauliche Aspekte ausgewogen sind. Eine Stadt, in der das Wohnumfeld den Bedürfnissen aller Altersgruppen gerecht wird und als Begegnungsort für viele dient.

Beteiligung heißt grundsätzlich „teilen" von Macht und Einfluss. Die Beteiligung von Kindern und Jugendlichen setzt voraus, diese ernst zu nehmen. Es gibt mittlerweile zahlreiche Ansätze, Möglichkeiten und Methoden, die

© Springer Fachmedien Wiesbaden GmbH, ein Teil von Springer Nature 2020   27
I. Heller et al., *Quartiersentwicklung mit Design Thinking*, essentials,
https://doi.org/10.1007/978-3-658-29840-1_4

Bedürfnisse von Kindern und Jugendlichen auch bei der Stadtentwicklung zu berücksichtigen. Anerkannt ist derzeit, dass Beteiligungsprojekte nicht nur die Qualität der Planungsvorhaben erhöhen, sondern auch zu einer Zunahme individueller Kompetenz bei allen Beteiligten führen sowie zu einer Zunahme und Verbesserung sozialräumlicher Ressourcen. Durch individuell angepasste Beteiligungsformate wird für einen engen Kontakt zwischen allen Verfahrensbeteiligten gesorgt. Beteiligung kann Begeisterung auslösen und alle Akteure zur Mitarbeit motivieren. Dabei entstehen gerade durch die Mitwirkung von Kindern oder Jugendlichen immer wieder unverwechselbare und innovative Konzepte.

In der Regel unterstützt die junge Generation dann aber lediglich bei der Erstellung von Spielflächenkonzepten und dürfen sich Grünflächen und Spielpatzausstattungen wünschen. Diese Einbindung beantwortet aber nicht die Frage nach der Gestaltung eines zukunftsfähigen Quartiers. Nicht selten herrscht auch noch die Meinung vor, dass man diese Zielgruppe nicht nach ihren Wünschen fragen darf, da sie am Ende ganz enttäuscht seien, wenn es nicht überall Rutschen gibt. Die Erfahrungen des beschriebenen Design Thinking Projektes mit Kindern zeigen allerdings etwas ganz anderes.

4.1   Rahmen, Methodik und Inhalte

Methodisch wurde nach dem in Kap. 3 beschriebenen Design Thinking Ansatz gearbeitet. Die 9 bis 13 Jahre alten Kinder arbeiteten an vier Workshoptagen in zwei Teams. Sie durchliefen die sechs Phasen des Design Thinkings und machten dabei vielfältige Erfahrungen, gewannen neue Erkenntnisse und entwickelten neue Ideen und Konzepte, die als neue Impulse für die Quartiersentwicklung weiterverarbeitet werden.

4.1.1   Verstehensphase

Um ein gemeinsames Verständnis für das Thema „Unser Leben in der Zukunft" zu erhalten, wurde in Form eines World-Cafés die Begriffe Zukunft, Leben und „uns" analysiert. Die Kinder wurden dabei geleitet von den Fragen:

- Was verstehten wir unter „uns"? Mit wem leben wir? Welche Beziehungen haben wir?
- Was gehört alles zum Leben? Was ist uns wichtig im Leben? Welche Lebensbereiche gibt es in unserem Alltag?
- Wann beginnt die Zukunft? Was heisst für mich Zukunft?

Ihre Vorstellungen von ihrem Leben in der Zukunft wurden anschliessend als ein gemeinsamer Prototyp entwickelt und dargestellt. Nachdem die Kinder ihre Sicht auf das Leben in der Zukunft gemeinsam erarbeitet hatten, waren sie in der Lage, sich relevante Fragen für die Interviewphase zu überlegen.

4.1.2 Empathie aufbauen

In der Beobachtungsphase galt es herauszufinden, wie andere Kinder und Jugendliche sich ihre Zukunft vorstellen, welche Aspekte ihnen im Leben wichtig sind und wo sie bedeutsame Themen für die Zukunft sehen. So machten sich zwei Teams für Interviews auf und befragten andere Kinder und Jugendliche in der Stadt und auf einer Jugendfarm (s. Abb. 4.1).

Es kamen interessante Aspekte an die Oberfläche, welche die Workshop-Kinder im Vorfeld nicht vermutet hätten. So gab es beispielsweise einige Kinder, die sich in ihrem aktuellen und zukünftigen Leben einen weniger nervigen Schulweg wünschten. Konkret störten sie z. B. die morgendlich überfüllten Bahnen und Bussen mit Berufspendlern oder die vielen „Umwege", welche die Bahn auf dem Weg zu ihrer Schule fährt. Eine direkte Verbindung von zu Hause bis zur eigenen

Abb. 4.1 Beobachten mittels Interviews

Schule, mit Fortbewegungsmitteln, die nur für Schüler und Schülerinnen wären, wurde als Wunsch geäußert. So gab es einige spannende Rückmeldungen, die im nächsten Schritt analysiert wurden.

4.1.3 Standpunkt definieren

In der Synthese wurden alle Aussagen der befragten Kinder und Jugendlichen gesammelt, aufgehängt, geclustert und abschließend bewertet (s. Abb. 4.2). Viele Aussagen betrafen ihre Sorgen, Gedanken und Wünsche zu mehr Achtsamkeit im Umgang mit der Umwelt und dem vielen Müll, den die Menschen produzieren. Auch das Thema Schulweg wurde häufig genannt. Einige Kinder empfinden ihren Weg zur Schule als zu lang oder zu nervig, z. B. aufgrund voller Bahnen und Busse. An dieser Stelle ein kleiner Auszug aus den Aussagen der befragten Kinder:

> *„Ich wünsche mir für die Zukunft, dass es wieder mehr direkten sozialen Kontakt gibt und weniger Verkehr."*
> *"In der Zukunft sollte es mehr Grünflächen und Fahrradwege geben."*
> *"Mit meiner Superkraft würde ich Reisen einfacher machen."*
> *"Wenn ich Superkräfte hätte, würde ich mich um die armen Menschen sorgen."*
> *"Ich wohne auf dem Land und mich nervt, dass die Bahnen immer überfüllt sind."*
> *"Mein Wunsch ist, dass Plastik sich auflöst."*

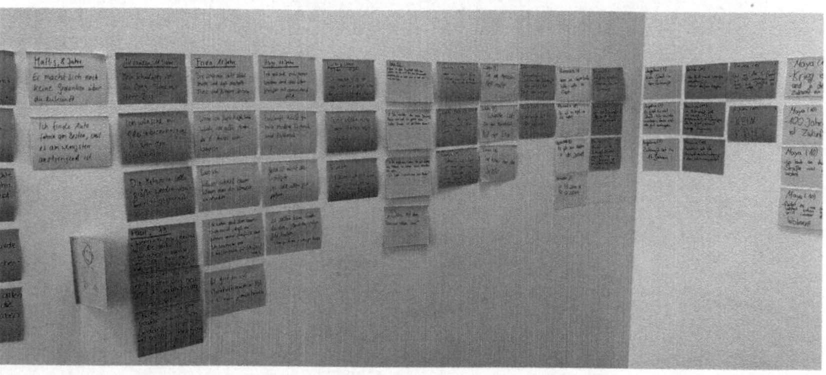

Abb. 4.2 Storytelling

Abb. 4.3 Persona Luisa mit der Challenge „Wie können wir Luisa helfen, dass sie sich weniger Sorgen um die Umwelt macht?" und Persona Frida mit der Challenge: „Wie können wir Frida helfen, dass ihr Schulweg nicht mehr so nervig ist?"

Die beiden Teams leiteten auf Basis der Interviews und der gesammelten Erkenntnisse zwei für sie relevante Personas ab und formulierten jeweils eine „Wie können wir helfen?"-Frage (s. Abb. 4.3).

In den Lösungsraum ging Team 1 mit Luisa, um Ideen und Lösungen zu finden, dass sie sich weniger Sorgen um die Umwelt machen muss. Team 2 entwickelte als Persona Frida, die sich einen weniger nervigen Schulweg wünschte.

4.1.4 Ideen finden

Mit unterschiedlichen Brainstorming-Methoden sammelten die Kinder in der Ideen-Phase viele Ideen. Hierbei konnten sie ihrer vollen Kreativität und ihrem Erfindergeist freien Raum lassen und sie genossen es sehr, auch wilde Ideen und Gedanken zu entwickeln.

Damit Luisa sich in Zukunft nicht mehr so viele Gedanken um die Umwelt machen muss, haben sich die Kinder folgendes überlegt:

- Mehr Umweltbewusstsein bei den Menschen
- Umweltprojekte in Schulen und Unternehmen
- Jugendliche erklären Jüngeren die Umwelt
- Viel mehr Läden, die kein Plastik verkaufen
- Protestieren, Demos organisieren
- Umweltfreundliche Verkehrsmittel
- Boote aufs Meer schicken, die Müll einsammeln
- Regenwald beschützen
- Alle Menschen ins Gefängnis, die Müll wegwerfen
- Weniger Co2-Autos
- Mehr Fahrradwege

Um Frida in Zukunft einen angenehmeren Schulweg zu ermöglichen, hatten die Kinder u. a. folgende Ideen:

- Neue Transportwege: Beamen, Jetpack, mit Drohnen zur Schule fliegen, Rutsche unter der Erde, Magnetschwebebahn für Schüler
- Sich klonen
- Zeitmaschine erfinden, in der man in die Zukunft und in die Vergangenheit reisen kann
- Schul-Homeoffice für Schüler, Schule von zu Hause
- Mobile Schulen
- Mehr Schulen
- Frühstücksangebote in Bahn/Bus
- Kinder-Schulbus
- Schulbus ist Aufenthaltsort nach Schule
- Holo-Brille – Schule von zu Hause
- Fahrradwege für Schüler
- U-Bahn-Waggons für Schüler
- Mehr U-Bahn-Waggons
- Schulranzen in der Schule lassen

4.1.5 Prototyping

Die vielfältigen Ideen wurden in den Teams im nächsten Schritt geclustert und eine finale Idee herausgearbeitet. Um sie für die Testphase für die späteren Nutzer und Testpersonen erlebbar zu machen, wurden die Ideen mit diversen Prototyping-Materialien visualisiert und gebaut (s. Abb. 4.4 und 4.5).

Abb. 4.4   Prototyp für Bamboo Island

Abb. 4.5   Prototyp Kidsbahn

4.1.6   Testen

In der Testphase präsentierten die Kinder ihre Lösungen für Frida und Luisa einem Publikum an Experten und Expertinnen der EnBW Baden-Württemberg AG (s. Abb. 4.6).

Abb. 4.6 Testen vor Fachpublikum

4.2 Die Projektergebnisse

Durch das Arbeiten mit dem Design Thinking Ansatz erfuhren die Kindern, was es bedeutet, in diversen Teams zu arbeiten. Sie erlebten das Zusammenwachsen der Gruppe zu einem Team mit unterschiedlichem Wissen und Fähigkeiten, das gemeinsam Spaß hat und lernt, sich zu unterstützen und zu ergänzen. Mit dem Team im Rücken haben die Kinder teils Ängste überwunden und sind über sich hinausgewachsen, z. B. im Präsentieren oder im Sprechen vor der Kamera und vor Publikum.

Die Kinder erfuhren, dass ihre Gedanken nur ein Ausschnitt zum Thema sind und andere Kinder sowie Jugendliche noch weitere, andere Sorgen und Bedürfnisse haben.

Sie waren sehr engagiert und begeistert bei der Sache. Obwohl es sich um ein Ferienprogramm handelte, ließen sie sich nicht davon abschrecken, dass auch „gearbeitet" und so u. a. auch viel geschrieben werden musste („Es ist hier ja fast wie in der Schule!"). Das Feedback der Kinder am Ende der Veranstaltung zeigte, dass es allen viel Freude gemacht hatte, an der Werkstatt teilzunehmen. Sie waren sehr stolz auf ihre Ergebnisse, hatten Freunde gefunden und auch viel gelernt.

Inhaltlich zeigte sich, dass sich diese junge Generation weitreichende Gedanken über ihre Zukunft und die Zukunft der Menschheit machen. Die Themen Umweltschutz, Klimawandel und Bevölkerungswachstum beschäftigen sie. Interessanterweise sehen sie sich schon als mögliche Aufklärer für andere Mitmenschen. Es ging in dem Workshop „Unser Leben in der Zukunft" allerdings nicht darum, wie irrtümlich oft angenommen, sich mehr Hängebrücken zwischen den Wohnhäusern im eigenen Quartier zu wünschen. Stattdessen wurden explizit Probleme adressiert, die den übergeordneten Alltag von Kindern betreffen. Dabei spielte auch das Thema der materiellen Armut eine Rolle. Es war allen klar, dass diese das Wohlbefinden der jungen Generation beeinträchtigt und ihre Teilhabemöglichkeiten einschränkt.

Die Kinder sahen neue Technologien in der Zukunft kommen, realisierten aber teils auch schon die damit verbundenen Risiken (mehr Verkehr, weniger soziale Interaktionen…). Sie wünschten sich Lösungen und Angebote, die explizit für sie als Kinder und Jugendliche mit ihren Bedürfnissen konzipiert werden, z. B. Kinder-Bahnen, Kinder-Fahrradwege, Schulbahnen. (Zukunfts-)Technologien und IT waren für sie selbstverständlich, z. B. „sauerstoffbetriebene" Motorräder, E-Autos und Drohnen.

Es war beneidenswert, wie leicht es ihnen fiel, wilde und mutige sowie visionäre Ideen zu entwickeln: Neue Transportmöglichkeiten, wie z. B. das Beamen, Jetpacks, mit Drohnen zur Schule fliegen, Rutschen oder Förderbänder unter der Erde. Magnetschwebebahnen für Kinder waren genauso denkbar wie die Idee, eine Zeitmaschine zu erfinden, mit der man in die Zukunft und in die Vergangenheit reisen kann.

Es wurden aber auch äußerst pragmatische Lösungen diskutiert. Die fast schon banal wirkende Idee, Frühstücksangebote morgens in Bus und Bahn kaufen zu können, verdeutlicht die essenziellen Bedürfnisse der Kinder. Auch der Wunsch, den immer noch oft viel zu schweren Schulranzen in der Schule lassen zu können, wirkt sehr pragmatisch, wie auch die Idee, mehr kleinere Schulen einzuführen, damit die Wege nicht so weit sind. Mehr Fahrradwege — auch ausdrücklich nur für Schüler — würden den Schulweg sicherer machen. Mehr U-Bahn-Waggons, evtl. auch einzelne Waggons für Schüler, würden die morgendliche stressige Anfahrt in vollgestopften Bahnen mit schlecht gelaunten Erwachsenen, „die einem ihren Rucksack ins Gesicht drücken und auch noch schimpfen, wenn einmal gelacht wird", deutlich entspannen.

Auch bei Kindern verschwimmen verstärkt die Grenze zwischen Wohnen und „Arbeiten". Ein Schul-Homeoffice für Kinder spiegelt die tägliche Lebenswirklichkeit in den Familien wider und erscheint mit Holo-Brille auch einfach zu realisieren. Der Wunsch nach mobilen Schulen, die zu den Kindern kommen und nicht umgekehrt, oder auch Kinderschulbusse, die sich auch als Aufenthaltsort nach der Schule eignen, wurde diskutiert.

Wie oben beschrieben wurden zwei wesentliche Problemfelder anhand von Personas herausgearbeitet:

- Wie können wir Luisa helfen, dass sie sich weniger Sorgen um die Umwelt macht?
- Wie können wir Frida helfen, dass ihr Schulweg nicht mehr so nervig ist?

Konkretisiert wurden zwei Ansätze: „Bamboo Island" und „Kidsbahn", die im folgenden näher beschrieben werden.

4.2.1   BAMBOO ISLAND

Bamboo Island ist eine umweltfreundliche Insel mit Vorbildfunktion für die ganze Gesellschaft (s. Abb. 4.7). Wer auf der umweltfreundlichen Bamboo Island wohnt

Abb. 4.7 Bamboo Island

oder zu Besuch kommt, muss einige Regeln beachten. Hier gibt es kein Plastik und auch keinen Müll. Die Bewohner bewegen sich auf dem Fahrrad und mit sauerstoffbetriebenen Motorrädern fort. Sie pflanzen ihre Nahrungsmittel selbst an und nutzen nachhaltiges Naturmaterial zum Bauen. Auf Bamboo-Island zu leben ist toll!

Als Vorbild für die Gesellschaft will Bamboo Island zu einem stärkeren Umweltbewusstsein bewegen. Demzufolge werden aktiv Umweltprojekte in Schulen und Unternehmen gefördert, bei denen alle mitmachen. Bildung und Wissensweitergabe stellen den Erfolg sicher. So erklären bereits Jugendliche jüngeren Kindern die Umwelt. Wer die Umwelt versteht, kann sie auch besser beschützen. Bamboo Island unterstützt eine Demonstrationskultur, die deutlich macht, dass es sich bei friedlichen Demonstrationen um gesellschaftlich erwünschtes Verhalten handelt. Vorbild ist hier sicher auch die „Fridays for Future" Bewegung, bei der v. a. jüngere Menschen auf die Straße gehen und die Politik auffordern, endlich die notwendigen Maßnahmen gegen den Klimawandel zu ergreifen.

Umweltschutz wird aktiv forciert! Auf dem Wochenmarkt werden regionale Erzeugnisse in Kisten verkauft, Waren des täglichen Bedarfs kauft man in Unverpackt-Läden. Im Einzelhandel darf kein Plastik mehr angeboten werden, die Gastronomie setzt auf Mehrwegsysteme und alle Verkehrsmittel sind umweltfreundlich.

Es wird aber auch über den Tellerrand der Insel geschaut. So werden Boote aufs Meer geschickt, die Müll einsammeln. Auch der Regenwald wird vor Abholzung geschützt, indem gleichwertige Alternativen aus heimischen Hölzern eingesetzt werden. Zudem werden die knallharten Umweltziele von Bamboo Island auch konsequent gesetzlich durchgesetzt. So kommen Menschen, die Müll in der Gegend wegwerfen, ins Gefängnis.

4.2.2 Kidsbahn

Das andere Team überlegte sich für Frida folgende Idee: Die Kidsbahn (s. Abb. 4.8). Die Kidsbahn ist nur für Kinder. In den Kapseln kann man direkt zu seiner Schule fahren. Die Bahnhöfe und Schienen verlaufen unter der Erde. Am Nachmittag kann man sich darin auch noch aufhalten, denn die Kapseln sind ausgestattet mit Computern, WLAN, Tischen, Sofas und Getränkeautomaten – ganz gemütlich. So kommen die Kinder entspannt zur Schule und können dort auch nach der Schule noch Freunde treffen und Zeit verbringen.

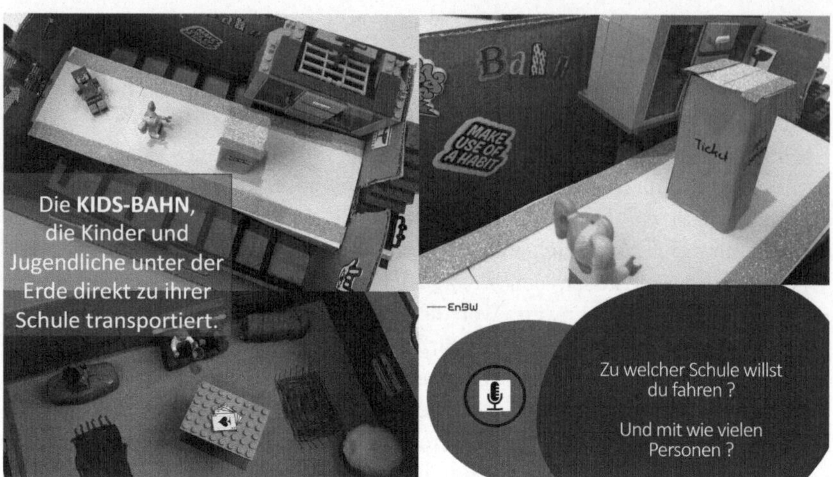

Abb. 4.8 Die Kidsbahn

Mit einer App können die Kinder die Kapsel reservieren. Mittels Spracheingabe wird die Zielschule angegeben und auch, mit wievielen Personen man hinfahren möchte. Das System meldet dem Nutzer, welche Kapsel für einen reserviert ist und wie lange man darauf warten muss. Kontinuierlich wird die Ankunftszeit der Kapsel gemeldet. Zusätzlich erhält man auch die Informationen über weitere Haltepunkte der Kapsel.

4.3   Ableitung von Impulsen für die Zukunft

Grundsätzlich bestätigten die Ergebnisse der Kinderwerkstatt, dass die Ausrichtung der Produktentwicklung auf sozial, ökonomisch und ökologisch nachhaltige Quartiere ein gutes Fundament dafür bildet, den Herausforderungen der Zukunft gerecht zu werden.

Im Detail leitet die EnBW Energie Baden-Württemberg AG aus den Ideen für die zukünftige Entwicklung smarter Quartiere drei wesentliche Impulse ab, die auf das Mindset bei der Quartiersentwicklung, zukünftige Beteiligungsansätze und konkrete Produktideen abzielen.

- Mindset bei der Quartiersentwicklung

Der Schlüssel für eine mutige und robuste Quartiersentwicklung ist konsequentes, stringentes und kompromissloses Vorgehen und Handeln bezüglich der Einhaltung der erfordlichen Nachhaltigkeitskriterien. Hier waren die Kinder und Jugendlichen wahre Vorbilder. Viel zu oft und viel zu früh werden von Erwachsenen Vor- und Nachteile abgewägt und dann schließlich Kompromisse eingegangen, die die eigentliche Bedeutung einer Produktidee schmälern: Der Markt scheint noch nicht reif, die Zahlungsbereitschaft noch nicht vorhanden, das Problem noch nicht klar identifiziert und, und, und..., obwohl die Lösung technisch realisierbar ist. So ist der Einsatz nachhaltiger Materialien im Quartier durchaus möglich sowie auch eine konsequente Ausgestaltung grüner Quartiere mit Blumenwiesen für Bienen, Schmetterlinge und andere „Nutzer".

Auch der Optimismus der Kinder und Jugendlichen wirkte ansteckend und ist eine wesentliche Voraussetzung für eine erfolgreiche Quartiersentwicklung. Wir können die Welt retten und Klimawandel, Artensterben, Plastikflut etc. wirkungsvoll bekämpfen! Wir müssen nur konsequent handeln und uns anstrengen!

In diesem Sinne sollte jede Produktidee kritisch daraufhin geprüft werden, ob sie wirklich konsequent den gesetzten Nachhaltigkeitsprinzipien folgt und mutig einen Beitrag dazu leistet, Lebensqualität für alle zu steigern bei gleichzeitigem Schutz der Umwelt.

- Beteiligung

Eine starke Bürgereinbindung bei der Entwicklung von Quartieren sollte bei den Kindern beginnen. Durch eine gelungene Quartiersentwicklung lassen sich die Lebensbedingungen von Kindern, Jugendlichen und Familien erheblich verbessern. In der Praxis heißt das, dass bei jedem Projekt die Zielgruppe in der Konzeption mit beteiligt werden sollte, um deren Bedürfnisse zu berücksichtigen.

Im Quartierszentrum sind so z. B. alle wichtigen Einrichtungen fußläufig voneinander entfernt, Leerstände werden genutzt für Kinder-Events und Pop-Up-Stores für Kinder. Im Bürgerladen werden Informationsveranstaltungen zu den Themen Nachhaltigkeit, Umweltschutz oder Selbstversorgung angeboten. Auch wird Raum für Aufklärungs- und Informationserlebnisse zur Verfügung gestellt, die Kinder und Jugendliche für Kinder und Jugendliche organisieren. Es gibt vielfältige Möglichkeiten, Kinderbedürfnisse in die Quartiersentwicklung einzubeziehen.

Quartiersprojekte und auch einzelne Produktideen, die bei der Entwicklung darauf achten, Kinder zu beteiligen, bekommen den Qualitätsstempel

„kinderzertifiziert". Das Label ist als Qualitätssiegel am Markt zu etablieren und verspricht zukunftsorientiertes familienfreundliches Wohnen.

- Produktideen

Aus der Vielzahl der Lösungsansätze, die im Rahmen der Werkstatt von den Kindern und Jugendlichen erarbeitet wurden, lassen sich verschiedene konkrete Produktideen ableiten. Im Folgenden werden einige davon beispielhaft beschrieben.

PRODUKT: „Bürgerbus"

Der Bürgerbus entspricht eher einem Bürgertaxi – vergleichbar mit Uber, das ein flexibles Abholen und Bringen von Kindern und Jugendlichen zur Schule, Freizeitaktivitäten und Freunden ermöglicht. Als Fahrer werden Senioren eingesetzt, die auf diese Weise entweder ehrenamtlich oder auf Basis einer geringfügigen Beschäftigung auf Wunsch noch etwas aktiv sind. Der Bus wird elelektrisch angetrieben und ist mit Zusatzservices ausgestattet (WLAN, Monitore, Kühlfächer für Getränke…). Der Service ist „zertifiziert", d. h. kindgerecht und zuverlässig. Eltern buchen über eine App den Transport und können sicher sein, dass ihr Kind verlässlich zum Zielort gebracht und wieder abgeholt wird. Dies führt zu mehr freier Zeit bei den Eltern und reduziert auch den Individualverkehr. Bezahlt wird ebenfalls über die App. Städtische Unterstützungsleistungen für Kinder und Jugendliche, deren Eltern Arbeitslosengeld II, Sozialgeld, Kinderzuschlag, Sozialhilfe oder Wohngeld beziehen, werden direkt über die App verrechnet. So können alle Kinder von dem Angebot profitieren, ohne sich „outen" zu müssen, dass sie von der Stadt unterstützt werden. Der Bürgerbus wird in Kooperation mit den öffentlichen Nahverkehrsunternehmen der Region betrieben. Um das Geschäftsmodell zu unterstützen, könnten zusätzlich Sponsoren etwa aus der Privatwirtschaft gesucht werden, z. B. Arbeitgeber der Eltern.

Während der Schulzeit kann der Bürgerbus auch von Senioren genutzt werden. So wird eine hohe Auslastung ermöglicht. Die Transportdienstleistung kann auch für Unternehmen, Schulen, Stiftungen und Familien buchbar sein. Zudem kann der Bus auch für sonstige private Verwendungen geliehen werden. So hat man bei Bedarf ein passendes Transportmittel für Ausflüge und ähnliche Aktivitäten.

PRODUKT: „Flexibles Bauen und Wohnen"

Die Gesellschaft wandelt sich und wird mobiler. Lebenssituationen ändern sich. Dadurch steigt der Bedarf nach flexiblen Wohnlösungen. Funktionale und bezahlbare Wohnmodule können bei Bedarf mit geringem Aufwand aufgebaut und später wieder abgebaut sowie an einem anderen Standort wieder aufgebaut werden. Selbstverständlich haben sie ein modernes Design und können individuell gestaltet werden. Die flexiblen Wohnmodule können als Minihaus, Anbau oder Dachaufstockung eingesetzt werden. Es gibt eine Vielzahl an Gestaltungsmöglichkeiten, sodass jeder Nutzer seine persönlichen Wohnvorstellungen realisieren kann. Es versteht sich von allein, dass diese Module mit einem intelligenten Energiemanagementsystem betrieben werden, barrierrefrei sind und ggf. mit Assistenzsystemen ausgestattet werden. Dadurch wird ein flexibles, modulares und temporäres Wohnangebot geschaffen, dass sich nicht nur für Studierende und Berufspendler eignet, sondern auch, wenn die Familie größer oder ein Arbeitszimmer benötigt wird.

PRODUKT: „Gerechtes Bezahlsystem"

Die Kinder und Jugendlichen der Zukunftswerkstatt hatten ein ausgeprägtes Gerechtigkeitsempfinden und ein feines Gespür für soziale Unterschiede, die ihrer Meinung nach im alltäglichen Miteinander keine Rolle spielen sollten. In vielen Städten werden z. B. Familienkarten angeboten, die für sozial schwächere Familien eine Vielzahl von Leistungen ermöglichen, die das Familienbudget schonen und Lust auf gemeinsame Aktivitäten machen sollen. Die Kinder berichteten davon, dass der Klassengemeinschaft durchaus bekannt ist, welches Kind im Besitz einer solchen Familienkarte ist. So gibt es Schulen, die ein gesundes Mittagessen für Kinder mit Familienkarte anbieten.

Ein gerechtes Bezahlsystem sollte allen Kindern und Jugendlichen gleiche Chancen ermöglichen, ohne unnötig Unterschiede im Familieneinkommen zu thematisieren. Eine Bezahl-App, die von allen Familien benutzt wird, egal wie hoch das Familieneinkommen ist, erscheint ideal. Bonuskarten oder ähnliche Ausweise werden dadurch überflüssig.

Schlussfolgerungen und Ausblick

Zusammengefasst lässt sich sagen: Das Experiment hat sich gelohnt!

Bei einer zukunftsorientierten Quartiersentwicklung sind idealerweise alle Nutzergruppen in den Prozess einzubinden, damit die gefundene Gesamtlösung so gut wie möglich trägt. Die Zielgruppen sind dabei selbstverständlich unterschiedlich zu adressieren. Es geht beim Beteiligungsprozess vor allem darum, die ursächlichen Probleme, Wünsche und Bedürfnisse möglicher Nutzergruppen zu hinterfragen und einen Rahmen zu finden, in dem sich alle angemessen einbringen können. Der Design Thinking Ansatz als neues Format der Bürgerbeteiligung geht deutlich über „Gehörtwerden" hinaus und ist demzufolge ein erfolgsversprechender Ansatz für die Projektentwicklung. Durch eine intensive und echte Problemanalyse mittels der ersten drei Design Thinking Phasen – Verstehen, Beobachten, Sichtweise definieren – bringt der Ansatz die Bedürfnisse, Herausforderungen und Wünsche der unterschiedlichen Nutzergruppen an die Oberfläche. In der Konsequenz ist die erfolgte und auch zukünftige Einbindung von Kindern und Jugendlichenin den Gestaltungsprozess von Quartieren im Rahmen einer Design Thinking Werkstatt zwingend logisch. Kinderbeteiligung ist dabei deutlich mehr als „Spielplatzgestaltung", d. h. die kommende Generation ist für eine intensive Beteiligung besonders attraktiv, da sie die Bewohner von morgen stellt: Was ist modern, was ist innovativ, wie sieht die Zukunft aus? Wie in zukünftigen Beteiligungsverfahren mit den Anforderungen und dem Einbinden dieser neuen Nutzergruppe umgegangen werden wird, wird sich noch zeigen müssen.

Ein echter Mehrwert in der Einbindung der Kinder und Jugendlichen war ihre inspirierende Herangehensweise. Denn Mut tut gut bei der Entwicklung neuer Ideen! Kinder fordern mit einer Selbstverständlichkeit eine enorme Konsequenz in der Umsetzung und erreichen dann auch ihre selbstgesteckten Ziele.

© Springer Fachmedien Wiesbaden GmbH, ein Teil von Springer Nature 2020   43
I. Heller et al., *Quartiersentwicklung mit Design Thinking,* essentials,
https://doi.org/10.1007/978-3-658-29840-1_5

So wurden im Rahmen der Werkstatt effektive, kreative und innovative Lösungen entwickelt, die sowohl Luisa helfen, dass sie sich weniger Sorgen um die Umwelt machen muss, als auch Frida, dass ihr Schulweg nicht mehr so nervig ist.

Dieser Mut und diese Konsequenz klingt trivial für die Überführung in die zukünftige Arbeitsweise in der Quartiersentwicklung. In der Realität ist sie doch eine dicke Nuss, die es zu knacken gilt. Wenn die Entwicklung nachhaltiger Quartiere höchste Priorität hat, müssen sich andere, evtl. auch gegenläufige Interessen diesem Ziel unterordnen. Hier hat das Team der EnBW „Quartiersentwicklung" viel gelernt. Im Produktentwicklungsprozess muss zu Beginn viel freier und konsequenter gedacht werden. Hinzu kommt die Erfordernis, diese Anspruchshaltung auch im weiteren Projektvorgehen bei internen als auch externen Partnern durchzusetzen. Eine Herausforderung, die es anzugehen gilt!

Was Sie aus diesem *essential* mitnehmen können

- Quartiersentwicklung hat eine Vielzahl an Herausforderungen und Ansprüche zu bewältigen, für deren Lösung es sich lohnt, neue Wege zu gehen
- Gute Beteiligungsprozesse sind das A und O für eine lebendige, nachhaltige und zukunftsorientierte Quartiersentwicklung
- Design Thinking ist durch sein nutzerorientiertes Vorgehen, das Arbeiten in interdisziplinären Teams und dem geforderten offenen und neugierigen Mindset eine sehr geeignete Methodik für solche Verfahren
- Kinder und Jugendliche sind als zukünftige Quartiersbewohner eine starke Inspirationsquelle

Literatur

BÜNDNIS 90/DIE GRÜNEN Baden-Württemberg (2011) Der Wechsel beginnt. Koalitionsvertrag zischen BÜNDNIS 90/DIE GRÜNEN und der SPD. Baden-Württemberg 2011–2016. https://www.gruene-bw.de/wp-content/uploads/2015/10/Koalitionsvertrag-Der-Wechsel-beginnt.pdf. Zugegriffen: 30. Dez. 2019

Change Leadership (o. J.) Zitate: „Wer aufhört, besser zu werden, hat aufgehört…“. https://change-leadership.org/wer-aufgehoert-hat-besser-zu-werden-zitate/. Zugegriffen: 30. Nov. 2019

Ideo (2012) Design thinking for educators. Ideo, New York

Fishman R (1982) Urban utopias in the twentieth century: Ebenezer Howard, Frank Lloyd Wright, Le Corbusier. MIT Press, Cambridge

Greenspan S (2007) Starke Kinder. Beltz, Weinheim

Guilford JP (1967) The nature of human intelligence. McGraw-Hill, New York

Hoffmann CP, Hitschfeld U, Lorenz A (2019) Chancen und Grenzen der Ausweitung von Angeboten politischer Partizipation in Deutschland. Stiftung Energie & Klimaschutz. https://www.energie-klimaschutz.de/chancen-und-grenzen-politischer-partizipation-in-deutschland/. Zugegriffen: 30. Dez. 2019

Jungblut I (2012) Urban Gardening – Mit Gärten unsere Städte verändern. RESET. https://reset.org/knowledge/urban-gardening-mit-gaerten-die-welt-veraendern. Zugegriffen: 14. Nov. 2019

Keane J (Hrsg) (1988) Civil society and the state. Verso, London

Koepff J (o. J.) Barrieren. Barrieren für die Beteiligung an Bürgerbeteiligungsverfahren. alle beteiligen – Toolbox zur Aktivierung schwer erreichbarer Gruppen -. https://alle-beteiligen.wordpress.com/barrieren/. Zugegriffen: 30. Dez. 2019

Netzwerk Solidarische Landwirtschaft (o. J.) Solidarische Landwirtschaft. Sich die Ernte teilen. https://www.solidarische-landwirtschaft.org/startseite/. Zugegriffen: 29. Dez. 2019

Radecki A (2017) Smarte Quartiere: Die Zukunft der Quartiersentwicklung. Management Circle Blog. https://www.management-circle.de/blog/zukunft-der-quartiersentwicklung/. Zugegriffen: 16. Okt. 2019

© Springer Fachmedien Wiesbaden GmbH, ein Teil von Springer Nature 2020
I. Heller et al., *Quartiersentwicklung mit Design Thinking,* essentials,
https://doi.org/10.1007/978-3-658-29840-1

Reutlinger C, Walther A (2016) Partizipation Jugendlicher: eine Frage von Raum und Stil? Konzeptionelle Grundlagen, Prozesse und erste Erkenntnisse des EU-Forschungsprojekts PARTISPACE. sozialraum.de (8) Ausgabe 1/2016. https://www.sozialraum.de/partizipation-jugendlicher-eine-frage-von-raum-und-stil.php. Zugegriffen: 1. Jan. 2020

Schallmo D (2017) Design Thinking erfolgreich anwenden. Springer Gabler, Wiesbaden

Sennett R (2018) Die offene Stadt. Eine Ethik des Bauens und Bewohnens. Hanser, Berlin

Speck J (2012) Walkable city. How downtown can save America, one step at a time. Farrar, Straus and Giroux, New York

Städtetag Baden-Württemberg (o. J.) KompetenzBereich Quartiersentwicklung (KB.QE). https://www.staedtetag-bw.de/Lebensraum-Stadt/KompetenzBereich-Quartiersentwicklung. Zugegriffen: 20. Nov. 2019

Umweltbundesamt (2017) Dauerregen in Deutschland: Wie können wir vorsorgen? https://www.umweltbundesamt.de/themen/dauerregen-in-deutschland-wie-koennen-wir-vorsorgen. Zugegriffen: 17. Dez. 2019

Umweltbundesamt (2019) Bevölkerungsentwicklung und Struktur privater Haushalte. https://www.umweltbundesamt.de/daten/private-haushalte-konsum/strukturdaten-privater-haushalte/bevoelkerungsentwicklung-struktur-privater. Zugegriffen: 28. Dez. 2019

Verba S, Schlozman KL, Brady HE (1995) Voice and equality. Civic voluntarism in American politics. Harvard University Press, Cambridge

Weinberg U, Nicolai C, Hüsam D, Panayotova D, Klooker M (2014) The impact of space on innovation teams. 19th DMI: academic design management conference design management in an era of disruption London

Wikipedia (o. J.) Mortal Engines: Krieg der Städte. https://de.wikipedia.org/wiki/Mortal_Engines:_Krieg_der_Städte. Zugegriffen: 3. Dez. 2019

ZukunftsInstitut (2018) Megatrend-Map. https://www.zukunftsinstitut.de/documents/downloads/MegatrendMapZukunftsinstitut_120918.pdf. Zugegriffen: 24. Okt. 2019